上海市工程建设规范

城市轨道交通钢弹簧浮置板轨道施工质量验收标准

Standard for construction quality acceptance of steel spring floating slab track of urban rail transit

DG/TJ 08—2416—2023
J 16935—2023

主编单位：上海申通地铁集团有限公司
批准部门：上海市住房和城乡建设管理委员会
施行日期：2023年11月1日

同济大学出版社

2023　上海

图书在版编目(CIP)数据

城市轨道交通钢弹簧浮置板轨道施工质量验收标准/上海申通地铁集团有限公司主编.—上海：同济大学出版社，2023.12
ISBN 978-7-5765-0994-6

Ⅰ.①城… Ⅱ.①上… Ⅲ.①城市铁路-轨道(铁路)-工程施工-工程验收-标准-上海 Ⅳ.U239.5-65

中国国家版本馆 CIP 数据核字(2023)第 234600 号

城市轨道交通钢弹簧浮置板轨道施工质量验收标准

上海申通地铁集团有限公司 主编

责任编辑 朱 勇
责任校对 徐春莲
封面设计 陈益平

出版发行	同济大学出版社　www.tongjipress.com.cn
	(地址：上海市四平路1239号　邮编：200092　电话：021-65985622)
经　　销	全国各地新华书店
印　　刷	浦江求真印务有限公司
开　　本	889mm×1194mm　1/32
印　　张	3.125
字　　数	84 000
版　　次	2023年12月第1版
印　　次	2023年12月第1次印刷
书　　号	ISBN 978-7-5765-0994-6
定　　价	35.00元

本书若有印装质量问题，请向本社发行部调换　　版权所有　侵权必究

上海市住房和城乡建设管理委员会文件

沪建标定〔2023〕228号

上海市住房和城乡建设管理委员会关于批准《城市轨道交通钢弹簧浮置板轨道施工质量验收标准》为上海市工程建设规范的通知

各有关单位：

　　由上海申通地铁集团有限公司主编的《城市轨道交通钢弹簧浮置板轨道施工质量验收标准》，经我委审核，现批准为上海市工程建设规范，统一编号为DG/TJ 08—2416—2023，自2023年11月1日起实施。

　　本标准由上海市住房和城乡建设管理委员会负责管理，上海申通地铁集团有限公司负责解释。

上海市住房和城乡建设管理委员会

2023年5月9日

前 言

根据上海市住房和城乡建设管理委员会《关于印发〈2020年上海市工程建设规范编制计划〉的通知》(沪建标定〔2019〕752号)的要求,标准编制组经广泛调查研究,认真总结上海及国内其他城市钢弹簧浮置板轨道工程实践经验,并参照国内外相关标准和规范,在广泛征求意见的基础上,制定本标准。

本标准的主要内容有:总则;术语;基本规定;原材料和部件进场;钢弹簧浮置板轨道施工;综合质量评定;附录。

各单位及相关人员在执行本标准过程中,如有意见和建议,请反馈至上海市交通委员会(地址:上海市世博村路300号1号楼;邮编:200125;E-mail:shjtbiaozhun@126.com),上海申通地铁集团有限公司技术中心(地址:上海市桂林路909号1号楼;邮编:201103),上海市建筑建材业市场管理总站(地址:上海市小木桥路683号;邮编:200032;E-mail:shgcbz@163.com),以供今后修订时参考。

主 编 单 位:上海申通地铁集团有限公司
参 编 单 位:上海市土木工程学会
　　　　　　上海市隧道工程轨道交通设计研究院
　　　　　　中铁上海设计院集团有限公司
　　　　　　中铁工程设计咨询集团有限公司
　　　　　　上海工程技术大学
　　　　　　中铁三局集团有限公司
　　　　　　隔而固(青岛)振动控制有限公司
　　　　　　安境迩(上海)科技有限公司
　　　　　　道尔道科技股份有限公司

主要起草人：于　宁　　刘加华　　王秀志　　董国宪　　段桂平
　　　　　　邢海灵　　瞿　锋　　平　轶　　陆　静　　曲　铭
　　　　　　周建军　　吴　俊　　左　杰　　郑玄东　　王安斌
　　　　　　欧阳飞飞　　　　　　王建立　　曾向荣　　史正洪
　　　　　　刘　扬　　刘　富　　单涛涛　　杨传坤　　张　超
　　　　　　焦丽莉　　李俊玺　　张　斌　　王　超　　姚建伟
　　　　　　何永春　　沈　杰　　王欣怡　　王思韬　　黄盖先
　　　　　　刘　伟　　徐天捷
主要审查人：罗雁云　　练松良　　王冠庆　　章新权　　范洪顺
　　　　　　夏旭峰　　周世军

　　　　　　　　　　　　上海市建筑建材业市场管理总站

目 次

1 总 则 ··· 1
2 术 语 ··· 2
3 基本规定 ··· 4
   3.1 一般规定 ·· 4
   3.2 质量验收单元的划分 ······································ 6
   3.3 质量验收要求 ·· 8
   3.4 质量验收程序和组织 ······································ 9
4 原材料和部件进场 ·· 10
   4.1 一般规定 ·· 10
   4.2 钢筋和混凝土 ·· 11
   4.3 预制浮置板 ·· 11
   4.4 隔振器及主要部件 ·· 14
5 钢弹簧浮置板轨道施工 ·· 17
   5.1 一般规定 ·· 17
   5.2 工程测量 ·· 17
   5.3 基底铺设 ·· 18
   5.4 预制钢弹簧浮置板道床 ···································· 22
   5.5 现浇钢弹簧浮置板道床 ···································· 24
   5.6 隔振器安装与钢弹簧浮置板道床顶升 ················ 29
   5.7 附属部件安装 ·· 31
6 综合质量评定 ··· 33
   6.1 资料核查 ·· 33
   6.2 实体质量和主要功能核查 ································ 33
   6.3 观感质量 ·· 34

6.4　安全及减振性能检测 ·· 35
附录A　预制浮置板制造及检验技术要求 ······························· 36
附录B　钢弹簧隔振器及附属部件制作及检验技术要求 ······· 48
附录C　钢弹簧浮置板轨道减振降噪效果和结构动力性能
　　　　测量方法 ··· 61
附录D　隐蔽工程和重要工序影像资料留存要求 ···················· 67
附录E　质量验收记录表 ··· 69
附录F　预制浮置板质量检查表 ··· 74
本标准用词说明 ·· 79
引用标准名录 ··· 80
条文说明 ·· 81

Contents

1 General provisions 1
2 Terms 2
3 Basic requirements 4
   3.1 General stipulations 4
   3.2 Division of construction quality acceptance units 6
   3.3 Requirements of construction quality acceptance 8
   3.4 Procedure and organization of construction quality acceptance 9
4 Site inspection of raw materials and components 10
   4.1 General stipulations 10
   4.2 Steel bars and concrete 11
   4.3 Prefabricated floating slab 11
   4.4 Isolator and main components 14
5 Construction of steel spring floating slab track 17
   5.1 General stipulations 17
   5.2 Survey of project 17
   5.3 Laying of basement 18
   5.4 Construction of prefabricated steel spring slab track 22
   5.5 Construction of cast-in-place steel spring slab track 24

5.6	Installation of vibration isolator and jacking up of floating slab track	29
5.7	Installation of accessory components	31
6	Comprehensive quality assessment	33
6.1	Checking up on documents	33
6.2	Checking up on track entity quality and main function	33
6.3	Appearance quality	34
6.4	Test of safety and damping performance	35
Appendix A	Technical requirements for fabrication and inspection of prefabricated floating slab	36
Appendix B	Technical requirements for fabrication and inspection of steel isolator and other components	48
Appendix C	Measurement method for dynamic and damping performance of steel spring floating slab track	61
Appendix D	Requirements for image data retention of concealed works and important processes	67
Appendix E	Quality acceptance record	69
Appendix F	Quality checklist of prefabricated floating slab	74
Explanation of wording in this standard		79
List of quoted standards		80
Explanation of provisions		81

1 总　则

1.0.1 为加强上海城市轨道交通钢弹簧浮置板轨道工程质量管理，规范和统一钢弹簧浮置板轨道施工验收标准，确保钢弹簧浮置板轨道的施工质量和系统性能，制定本标准。

1.0.2 本标准适用于本市城市轨道交通新建线路、改建线路及运营线路更新改造工程钢弹簧浮置板轨道的施工质量验收。

1.0.3 本市城市轨道交通钢弹簧浮置板轨道施工除应符合本标准的规定外，尚应符合国家、行业和本市现行有关标准的规定。

2 术 语

2.0.1 钢弹簧浮置板轨道 steel spring floating slab track

预制或现浇的钢筋混凝土结构道床板通过钢弹簧隔振器与轨道基础弹性隔离后形成的质量-弹簧-阻尼系统，与钢轨、扣件等组成的减振型轨道结构。

2.0.2 浮置板 floating slab

组成钢弹簧浮置板轨道的钢筋混凝土道床板，通过钢弹簧隔振器与轨道基础弹性隔离，板与周边结构脱开。

2.0.3 基底 base

支承钢弹簧隔振器的基础，一般采用钢筋混凝土或高强砂浆材料制成。

2.0.4 钢弹簧隔振器 steel spring isolator

隔离浮置板振动的弹性阻尼单元为隔振器，采用钢弹簧提供弹性的隔振器为钢弹簧隔振器，通常包括外套筒、内套筒、调平垫片、锁紧装置等。

2.0.5 隔振器外套筒 metal housing

埋置在浮置板道床内，将浮置板自重及列车荷载传递到内套筒的金属部件。

2.0.6 隔振器内套筒 spring housing

由钢弹簧、阻尼材料和金属连接部件等组成，是隔振器的主要部件。

2.0.7 调平垫片 adjusting sheet

用于调整浮置板高度的部件，其形状和尺寸与隔振器内、外套筒匹配。

2.0.8 锁紧装置 locking system

由锁紧螺栓和安全板组成,将隔振器内、外套筒可靠连接,确保其良好的整体工作性能。

2.0.9 限位器 restrainer

安装在隔振器外套筒中心位置下基底混凝土内的设备或装置,起到定位隔振器和限制水平方向位移的作用。

2.0.10 剪力铰 shear dowel

设置于相邻浮置板间,用于约束板端垂向和横向差动的部件。

2.0.11 密封条 seal band

用于密封浮置板之间、两侧与其他结构的间隙,防止杂物进入浮置板底的部件。

2.0.12 顶升 jacking up

利用专用工具将道床板抬升并使隔振器处于工作状态的过程。

2.0.13 观察筒 checking shaft

埋置于浮置板内形成检查孔的部件,用于观察排水沟、道床底部状况及疏通水沟。

2.0.14 刚度过渡段 transition section of track stiffness

为降低浮置板轨道与相邻其他轨道型式间的刚度变化率,在浮置板轨道两端设置的刚度过渡地段。

2.0.15 排水过渡段 transition section of track drainage

为保证排水顺畅,在浮置板轨道上游和下游设置的不同道床形式水沟之间的衔接过渡地段。

3 基本规定

3.1 一般规定

3.1.1 钢弹簧浮置板轨道结构在具有足够强度和稳定性的同时,应具有良好的减振降噪效果,能保证列车长期安全、快速、平稳、低环境影响运行。

3.1.2 钢弹簧浮置板轨道系统性能应确保在寿命周期内,列车通过时传到隧道壁的 Z 振级与相邻或近似工况普通整体道床相比不低于 12 dB,隧道壁的垂向振动加速度级不应高于 68 dB,地面垂向振动加速度级不应高于 65 dB。

3.1.3 钢弹簧浮置板轨道的原材料和部件进场、各部件施工和安装验收及浮置板道床的施工质量评定等应符合本标准的规定。

3.1.4 钢弹簧浮置板轨道的钢轨、扣件、轨道几何尺寸、无缝线路、轨道附属等方面的验收应按照现行国家标准《地下铁道工程施工质量验收标准》GB/T 50299 及其他相关标准的规定执行。

3.1.5 钢弹簧浮置板轨道施工质量控制应符合下列规定:

    1 钢弹簧浮置板轨道采用的钢筋、混凝土、预制板、隔振器、剪力铰等主要材料和部件,应按本标准及各级现行有关标准的规定和设计文件要求进行测试检验并形成记录,不合格的材料和部件不得用于工程。

    2 各工序按施工技术标准及设计文件要求进行质量控制,每道工序完成后,施工单位应进行测试或检查,并形成记录,相关专业接口工序检验应经监理工程师检查认可。未经检查或经检查不合格,不得进行下道工序施工。

    3 工序施工过程中的测试或试验应符合相关技术标准和本

标准的规定,并进行记录。

  4 基底和道床钢筋、道床排流网焊接、基底面等隐蔽工程覆盖前应按本标准要求全数检查并形成记录,经监理工程师检查签认后才能进行下道工序施工。

  5 工程施工完成后应进行必要的实体质量和外观质量检测并记录。

3.1.6 钢弹簧浮置板轨道施工质量验收应符合下列规定:

  1 符合轨道工程施工验收的总体规定,在施工单位自检合格的基础上进行。

  2 混凝土、钢弹簧隔振器应按规定进行见证检验。

  3 基底和道床钢筋、道床排流网焊接、基底面等隐蔽工程在覆盖前,应由施工单位通知监理单位进行验收,并形成验收文件,验收检查应按附录D的要求留存影像资料。

  4 钢弹簧浮置板轨道验收时,应按规定对实体质量和主要功能进行抽样检验。

  5 钢弹簧浮置板轨道的观感质量应由验收人员现场检查,并应共同确认。

3.1.7 钢弹簧浮置板轨道施工质量验收合格应符合下列规定:

  1 符合设计文件的要求。

  2 符合本标准和相关标准的规定。

3.1.8 钢弹簧浮置板轨道施工实施前,应编制对应的专项施工方案,并应在组织试验段确认后开展规模化施工。

3.1.9 建设各方应建立健全质量保证体系,对钢弹簧浮置板轨道施工全过程进行控制,加强对进场检验、隐蔽工程及关键工序的质量验收。

3.1.10 本标准未涉及的新技术、新工艺、新设备、新材料,其施工质量的验收应符合相关标准和设计的规定。

3.1.11 钢弹簧浮置板系统减振性能应符合轨道交通线路使用地段的环评要求和工程条件确定的全寿命周期减振目标要求。

3.1.12 本标准对浮置板轨道施工中未规定的验收项目,应由建设单位组织监理、设计、施工等相关单位制定专项验收要求。

3.1.13 钢弹簧浮置板轨道施工验收完成后,在轨道交通项目初期运营一年内由建设单位组织有资质的检测单位进行减振效果的现场检测。

3.1.14 首次设计使用的预制钢弹簧浮置板,应按照相关规范和设计要求通过预制板结构强度和疲劳性能验证。

3.1.15 首次设计使用的钢弹簧浮置板轨道,应按附录C的方法进行减振效果测试,并宜结合车辆运行安全性和平稳性进行综合评估。

3.2 质量验收单元的划分

3.2.1 钢弹簧浮置板轨道为轨道工程的分部工程之一,划分为分项工程和检验批。

3.2.2 分项工程按照浮置板轨道工序、工种、设备等划分。

3.2.3 检验批应根据施工及质量控制和验收需要划分。

3.2.4 浮置板轨道结构的分部工程、分项工程、检验批划分和检验批项目应符合表3.2.4的规定。

表3.2.4 钢弹簧浮置板轨道结构工程分部工程、分项工程、检验批划分和检验项目

分部工程	分项工程		检验批	检验批检验项目条文号	
				主控项目	一般项目
钢弹簧浮置板道床轨道(预制)	测量及放样		1 000 m	5.2.5、5.2.6	—
	基底	基底钢筋	200 m	5.3.9～5.3.12	5.3.18
		基底模板	200 m	5.3.13	—
		基底混凝土	200 m	5.3.14～5.3.17	5.3.19～5.3.24
	预制板浮置板铺设		200 m	5.4.6～5.4.9	5.4.10～5.4.12

续表3.2.4

分部工程	分项工程		检验批	检验批检验项目条文号	
				主控项目	一般项目
钢弹簧浮置板道床轨道（预制）	隔振器安装		100 m	5.6.8	5.6.12、5.6.13
	浮置板顶升		100 m	5.6.9～5.6.11	5.6.14
	剪力铰、密封条、盖板等附属安装		200 m	5.7.3～5.7.9	5.7.10～5.7.11
钢弹簧浮置板道床轨道（现浇）	测量及放样		200 m	5.2.5、5.2.6	—
	基底	基底钢筋	200 m	5.3.9～5.3.12	5.3.18
		基底模板	200 m	5.3.13	—
		基底混凝土	200 m	5.3.14～5.3.17	5.3.19～5.3.24
	道床	隔离层铺设与水沟盖板安装	200 m	5.5.9～5.5.11	
		隔振器外套筒和检查筒定位	200 m	5.5.15、5.5.17、5.5.21、5.5.22、5.5.23	5.5.31
		轨排铺设	200 m	5.5.17、5.5.21	5.5.24、5.5.26、5.5.27、5.5.30
		道床钢筋	200 m	5.5.14～5.5.16、5.5.18	5.5.25
		道床模板	200 m	5.5.13	—
		道床混凝土	200 m	5.5.12、5.5.19	5.5.28
	隔振器安装		100 m	5.6.8	5.6.12、5.6.13
	浮置板顶升		100 m	5.6.9～5.6.11	5.6.14
	剪力铰、密封条、盖板等附属安装		100 m	5.7.3～5.7.9	5.7.10～5.7.11

注：1. 施工段落不足表格中规定检验批长度时按一个检验批执行。
  2. 检验批长度均按单线计算。

3.3 质量验收要求

3.3.1 钢弹簧浮置板轨道施工质量应符合设计文件要求,施工质量验收应符合本标准和有关专业验收标准的规定。

3.3.2 检验批的质量验收应包括如下内容:

1 实物检查:在工序、隐蔽工程质量检验的基础上,按本标准规定抽样检查实体质量、外观质量。

2 资料检查:核查施工原始记录、试验检测数据、质量检验结果等质量保证资料。

3.3.3 检验批质量验收合格应符合下列规定:

1 主控项目的质量经抽样检验全部合格。

2 一般项目的质量经抽样检验合格;有允许偏差的抽查点,除有专门要求外,80%及以上的抽查点应控制在规定允许偏差内,不合格点的最大偏差值不应大于规定允许偏差的1.5倍,且不得有严重缺陷,不合格点不得集中。

3 具有完整的施工操作依据、原始资料和质量检查验收记录。

3.3.4 分项工程质量验收合格应符合下列规定:

1 所含检验批的质量均应验收合格。

2 所含检验批的质量验收记录应完整。

3.3.5 分部(子分部)工程质量验收合格应符合下列规定:

1 所含分项工程的质量均应验收合格。

2 质量控制资料应完整。

3 有关结构安全、节能、环境保护和主要使用功能的检测结果应符合有关规定。

4 观感质量验收应符合要求。

3.4 质量验收程序和组织

3.4.1 检验批的验收程序和组织应符合下列规定：

1 检验批应由施工单位自检合格后报监理单位,由专业监理工程师组织施工单位专职质量检查员等进行验收。

2 施工单位应对全部主控项目和一般项目进行检查。

3 监理单位应对全部主控项目进行检查,对一般项目的检查内容和数量可根据具体情况确定。

4 检验批质量验收记录按附录 E 表 E.0.1 填写记录。对于主控项目,施工单位检查评定记录及监理单位验收记录应填写详细具体;对于一般项目,可填写概括性结论。

3.4.2 分项工程应由专业监理工程师组织施工单位分项工程技术负责人等进行验收,并应按附录 E 表 E.0.2 填写记录。

3.4.3 分部(子分部)工程应由总监理工程师组织设计单位项目负责人、施工单位项目负责人和技术、质量负责人等进行验收,并应按附录 E 表 E.0.3 填写记录。

4 原材料和部件进场

4.1 一般规定

4.1.1 各类钢弹簧浮置板轨道材料及构配件应工厂化生产,供货单位应按相关标准进行检验,并出具产品质量证明文件。施工和监理单位应按有关规定进行检验和进场验收,满足设计要求及相关标准规定后,方可使用。

4.1.2 钢弹簧浮置板轨道由钢轨、扣件、浮置板道床和基底组成。预制浮置板道床原材料和部件包括预制浮置板、隔振器、剪力铰、密封条、检查孔盖板等;现浇浮置板道床原材料和部件包括钢筋、混凝土、预制轨枕、隔振器、剪力铰、密封条、盖板、观察筒等。基底材料包括钢筋、混凝土及伸缩缝材料等。

4.1.3 材料的存放和堆码应统筹考虑。堆码基底应平实,各类材料应便于装卸、取样、清点,应竖立标牌,标识产地、型号、规格、数量等信息。

4.1.4 存放材料的仓库、场地周围应设置良好的排水系统,并配置消防器材。

4.1.5 现浇浮置板道床和基底混凝土应由拌和站集中拌和、搅拌车运输,拌和站应向混凝土施工单位提供相关质量证明文件、混凝土出场合格证及混凝土送料单。

4.1.6 现浇浮置板用轨枕应符合预制混凝土轨枕的生产技术要求、进场检验及验收执行设计文件及轨道相关验收标准的规定。

4.1.7 隔振器在运输、存放过程中均应竖直放置。

4.1.8 隔振器外套筒和观察筒进场时应配置盖板并可靠安装。

4.1.9 预制浮置板存放应设置专用场地,满足装卸和运输要求。

4.2 钢筋和混凝土

Ⅰ 主控项目

4.2.1 钢筋进场时,应对其质量指标进行全面检查验收,钢筋直径、每延米重量和力学性能指标等的检验应符合现行国家标准《混凝土结构通用规范》GB 55008 和《混凝土结构工程施工质量验收规范》GB 50204 的规定。

4.2.2 混凝土原材料检验、配合比设计、拌合物性能应符合现行国家标准《混凝土结构通用规范》GB 55008、《地下铁道工程施工质量验收标准》GB/T 50299 和《混凝土结构工程施工质量验收规范》GB 50204 的规定。

4.2.3 排流用紫铜排规格和性能应符合相关专业设计的规定。
  检验数量:施工单位、监理单位全部检查。
  检验方法:尺量、查验资料。

Ⅱ 一般项目

4.2.4 钢筋应平直、无伤损,表面无裂纹、油污、颗粒状或片状老锈。
  检验数量:施工单位、监理单位全部检查。
  检验方法:观察检查。

4.3 预制浮置板

Ⅰ 主控项目

4.3.1 预制浮置板进场时应查验其原材料、型式和出场检验报告,预制浮置板规格、型号、结构强度、疲劳性能应符合设计要求,产品质量及标识应符合设计和相关标准的规定。

检验数量：施工单位、监理单位全部检查。

检验方法：查验产品合格证、质量证明文件及检测报告，观察检查。

4.3.2 预制浮置板进场后应逐块对浮置板进行检查，预制浮置板不应有露筋，表面不应有肉眼可见的裂纹，预埋套管内不应有混凝土淤块及其他杂物，套管防尘盖无缺失。

检验数量：施工单位全数检查，监理单位抽验50%。

检验方法：观察检查。

4.3.3 预制浮置板应无扭曲变形，外观检查的容许值应符合表4.3.3的规定。

表4.3.3 浮置板外观容许值

项目	容许值
翘曲	板中央 ±5 mm 以内
扭曲	左右板端部 1 mm 以内
弯曲	板侧面中央 ±3 mm 以内
表面气泡	100 mm×100 mm 以内不能有 80 mm² 以上的气泡
四周边角部位的缺陷	四周边角应无破损和掉块
固定螺栓套管	必须牢固嵌装在混凝土里，不能有浮起或下沉，凸起高度(0，−1 mm)
隔振器外套筒	牢固嵌装在混凝土里，与混凝土间不存在可目测的裂缝

检验数量：施工单位全数检查；监理单位抽验50%。

检验方法：观察检查、尺量。

4.3.4 预制浮置板用钢筋、混凝土等原材料应符合设计要求和本标准第4.2节的规定。

检验数量：施工单位、监理单位全部检查。

检验方法：查验记录表或检测报告。

4.3.5 预制浮置板内各类预埋件数量和位置应符合设计要求，

材料及性能应符合设计要求及相关标准的规定。

　　检验数量：施工单位、监理单位全部检查。

　　检验方法：观察检查、查验质量证明文件及检测报告。

4.3.6 道床钢筋排流网纵向电阻应满足设计要求，工厂生产时，在预制浮置板钢筋绑扎焊接完成、灌注混凝土前，采用专用工具进行排流网电阻检测并备案，驻厂监理全程旁站。

　　检验数量：施工单位、监理单位全部检查。

　　检验方法：查验报告。

4.3.7 隔振器外套筒安装数量、位置和方向应符合设计图纸的规定。

　　检验数量：施工单位、监理单位全部检查。

　　检验方法：观察检查。

4.3.8 剪力铰预埋螺栓孔位置公差应在±1 mm以内。

　　检验数量：每500块为一批，不足500块时也按一批计，施工单位每批抽检5块，监理单位每批抽检5块。

　　检验方法：观察检查、尺量。

4.3.9 扣件预埋套管抗拔力应符合设计要求。

　　检验数量：每500块为一批，不足500块时也按一批计，施工单位每批抽检5块。

　　检验方法：查验报告。

Ⅱ　一般项目

4.3.10 预制浮置板外形尺寸极限偏差及外观质量应符合附录A的规定。

　　检验数量：每500块为一批，不足500块时也按一批计。对外观质量，施工单位全部检查，外形尺寸每批抽检5块。

　　检验方法：观察检查，专用工具检测。

4.3.11 预埋吊装套管、密封条固定套管、杂散电流端子等预埋件数量、位置应符合设计要求，并用堵头或胶带密封，无异物进入。

  检验数量:施工单位全部检查,监理单位抽检50%。
  检验方法:观察检查。

4.3.12 预制钢弹簧浮置板使用的模具应按规定定期检查、维修或更新。

  检验数量:施工单位、监理单位全部检查。
  检验方法:查验记录。

4.4 隔振器及主要部件

Ⅰ 主控项目

4.4.1 隔振器进场时,应对材料性能报告、型式检验报告、出厂检验报告及规格、型号进行验收,其性能和质量应符合附录B、设计及相关产品标准的规定。

  检验数量:施工单位、监理单位全部检查。
  检验方法:查验产品合格证、质量证明文件。

4.4.2 隔振器各部件尺寸和外观应符合设计要求,加工偏差及精度应符合附录B的规定。其中隔振器内套筒和外套筒支承板三耳处高度最大差值不大于0.2 mm。

  检验数量:每500件为一批,不足500件时也按一批计,施工单位每批抽检10件,监理单位每批抽检10件。
  检验方法:观察检查、用钢尺量。

4.4.3 隔振器金属部件外表面应进行防腐处理,处理后外观及防腐性能应符合设计及相关标准要求。

  检验数量:施工单位、监理单位全部检查。
  检验方法:检查资料、观察检查及专用工具测量。

4.4.4 隔振器刚度、阻尼比、组件疲劳性能及恶劣环境影响应符合设计和附录B的要求。

  检验数量:施工单位、监理单位按规定检查或送检。

检验方法:查验报告。

4.4.5 隔振器外套筒、内套筒上顶板、调平垫片等主要传力部件材料性能应符合设计和附录B的要求。

检验数量:施工单位、监理单位按规定检查。

检验方法:检查产品说明书及合格证明。

4.4.6 隔振器用钢弹簧或主簧材料线径不应小于42 mm,材料性能不应低于现行国家标准《弹簧钢》GB 1222中对51CrMnV的要求,热轧后卷簧前采用磨皮工艺,应做喷丸、磷化处理和裂纹检查。

检验数量:施工单位、监理单位全部检查。

检验方法:尺量、查验报告及合格证明。

4.4.7 弹簧表面应作防腐处理,防腐措施不应影响弹簧力学性能,防腐层厚度不应小于80 μm,弹簧表面应光滑,不应有肉眼可见的缺陷。

检验数量:施工单位、监理单位全部检查,防腐层厚度和弹簧外观施工单位每批次抽检3件。

检验方法:检查报告、观察检查及专用工具测量。

4.4.8 隔振器出厂时,应在产品上明确标注安装和搬运方向标志。

检验数量:施工单位、监理单位全部检查。

检验方法:观察检查。

4.4.9 隔振器上应设置明显标志,标示厂家、生产日期、产品型号、批号等信息,应能实现原材料信息追溯。

检验数量:施工单位、监理单位全部检查。

检验方法:观察检查、查阅资料。

4.4.10 隔振器用阻尼材料应耐火、耐热、性能稳定,性能符合设计和附录B的要求。

检验数量:施工单位、监理单位全部检查。

检验方法:查验性能验证资料。

Ⅱ 一般项目

4.4.11 现浇浮置板用隔离层的材质、规格、性能应符合设计要求。

检验数量:施工单位、监理单位全部检查,隔离层厚度施工单位抽检。

检验方法:查验证明文件、尺量。

4.4.12 剪力铰组成部件材料及性能指标应符合设计和附录B的要求。

检验数量:施工单位、监理单位全部检查。

检验方法:检查产品合格证和试验报告。

4.4.13 钢弹簧浮置板隔振器外套筒顶面盖板、检查筒盖板、密封条等附件防火等级应不低于B1级。

检验数量:施工单位、监理单位全部检查。

检验方法:查验性能验证资料。

4.4.14 隔振器外套筒顶面盖板应采用绝缘材料,性能指标符合设计和附录B的要求。

检验数量:施工单位、监理单位全部检查。

检验方法:查验性能验证资料。

4.4.15 密封条材料及性能指标应符合设计和附录B的要求。

检验数量:施工单位、监理单位全部检查。

检验方法:检查产品合格证和试验报告。

5 钢弹簧浮置板轨道施工

5.1 一般规定

5.1.1 施工前应对土建结构移交、专业接口进行确认和复核,上道工序验收合格、符合设计要求后方可进行钢弹簧浮置板轨道的施工。

5.1.2 施工单位应根据设计方案结合施工条件及前后道床型式确定浮置板轨道施工工艺,并制定各关键工序技术要求。

5.1.3 浮置板轨道正式施工前,应组织技术交底和方案会审。

5.1.4 施工应结合现场工况合理选用设备及工机具。

5.1.5 浮置板轨道施工前应对浮置板板缝的位置与梁缝、沉降缝或变形缝的位置进行复核,确保浮置板不跨越梁缝,不宜跨越沉降缝或变形缝,即同一块浮置板内隔振器应全部位于同一跨梁上,同一块浮置板内隔振器宜位于沉降缝或变形缝同侧。

5.1.6 人防门(防淹门)、废水泵房前后采用浮置板轨道时,施工前应对人防门门槛位置和宽度、废水泵房入水口位置和标高等相关专业接口进行核查,与设计不符时应及时反馈,人防门(防淹门)处浮置板轨道施工还应与土建结构协调好施工工序。

5.2 工程测量

5.2.1 进场施工前,应已完成线下工程的交接、调线调坡测量和设计及轨道精测网控制点的测设。

5.2.2 进场后施工单位应首先对轨道精测网控制点进行复测,对线路中线、高程进行测量,调整闭合,根据需要增设控制基标和加密基标。

5.2.3 基标规格、外观、埋设位置、测设精度等应符合现行上海市工程建设规范《轨道交通轨道精测网技术标准》DG/TJ 08—2333 的规定。

5.2.4 施工前应根据调线调坡成果对轨道中线和高程进行复测，核查是否满足浮置板铺设的最小轨道结构要求，不符时应及时通知设计单位。

主控项目

5.2.5 在施工浮置板基底前，测设浮置板基底基标，基标位于线路中心或一侧，应确保每块浮置板范围内至少有 1 个测量点，梁缝位置增设 1 处。

　　检验数量：施工单位全部检查，监理单位抽验 50%。
　　检验方法：观察检查。

5.2.6 铺设浮置板前，应在浮置板外侧测设基标，其数量及测设精度应满足浮置板顶升的标高控制及调整轨道几何尺寸的要求。

　　检验数量：施工单位全部检查，监理单位抽验 50%。
　　检验方法：观察检查。

5.3 基底铺设

5.3.1 基底施工前应与相关专业协调好施工界面、施工顺序、专业配合等相关施工接口事项。

5.3.2 基底施工前应清除结构面的松散混凝土及垃圾，保持结构面干净无积水；梁面和矩形隧道结构未做拉毛处理的，应进行凿毛处理。

5.3.3 隧道内线路基底施工时应确保水沟的平顺性，并与两端排水过渡段顺接良好。

5.3.4 基底施工完成后，不应通过基底表面局部垫高或挖深的方式来满足隔振器放置要求。

5.3.5 浮置板基底应按隐蔽工程检查验收。基底钢筋、混凝土应符合设计要求,按规范要求检查及留置试件送检。

5.3.6 基底混凝土浇筑后强度达到设计强度的75%时,方可承重。

5.3.7 浮置板基底施工完成后应注意成品保护,未经设计确认的载重设备不应直接利用基底表面走行。

5.3.8 基底施工前应根据设计图纸对浮置板隔振器位置进行放样,确保基底伸缩缝和排水横沟避开隔振器位置。

Ⅰ 主控项目

5.3.9 基底钢筋、混凝土材料应符合设计要求,进场时的质量检验应符合本标准第4.2.1和4.2.2条的规定。

检验数量:施工单位、监理单位全部检查。

检验方法:查验证明材料,按规定留置试件。

5.3.10 基底钢筋的规格、型号应符合设计要求。

检验数量:施工单位、监理单位全部检查。

检验方法:观察检查、尺量和查阅资料。

5.3.11 基底钢筋加工、安装、连接应符合现行国家标准《混凝土结构工程施工质量验收规范》GB 50204 的规定。

检验数量:施工单位全部检查,监理单位抽检50%。

检验方法:尺量。

5.3.12 隔振器范围内基底需设置连接钢筋时,连接钢筋的设置型式、埋设位置及钢筋连接性能指标应符合设计及相关标准要求。

检验数量:施工单位全部检查,监理单位抽验50%。

检验方法:观察检查、尺量和查验资料。

5.3.13 基底模板材料、安装和拆除验收应符合现行国家标准《混凝土结构工程施工质量验收规范》GB 50204 的规定。

检验数量:施工单位、监理单位全部检查。

检验方法:查验资料,观察和尺量。

5.3.14 浮置板道床基底断面形状、基底表面标高应符合设计规定,隔振器位置基底标高误差要求为 0 mm～－3 mm,平整度要求为±1 mm/m²;基底其他部位标高误差要求为 0 mm～－5 mm,平整度要求为±2 mm/m²。

检验数量:施工单位全部检查,监理单位抽检 50%。

检验方法:水准仪、水平尺检查。

5.3.15 曲线地段基底倾斜度与设计值的偏差不应大于 2‰。

检验数量:施工单位每 5 m 测量 1 个断面,每个断面测量 3 点标高计算倾斜度,3 点分别取基底两侧边线和中间位置;监理单位抽验 50%。

检验方法:水准仪、尺量。

5.3.16 区间废水泵房地段浮置板基底横向水沟中心线与泵房入水口中心线偏差应小于 20 mm,基底横沟入水口处沟底应高于泵房入水口沟底不小于 10 mm。

检验数量:施工单位全部检查,监理单位抽验 50%。

检验方法:观察检查、尺量。

5.3.17 基底伸缩缝的间隔和设置方式应符合设计要求,并应避开隔振器位置,伸缩缝应平直工整。

检验数量:全部检查。

检验方法:观察检查。

Ⅱ 一般项目

5.3.18 基底钢筋的安装位置应符合设计规定,钢筋间距允许偏差±20 mm,保护层厚度不小于 30 mm 时允许偏差为 0 mm～+10 mm,保护层厚度小于 30 mm 时允许偏差为 0 mm～+5 mm。

检验数量:施工单位全部检查,监理单位抽检 50%。

检验方法:水准仪、水平尺、钢尺检查。

5.3.19 浇筑后的基底混凝土应密实、表面平整、颜色均匀,不得有裂缝、露筋、蜂窝、麻面、孔洞、疏松、缺棱角和与基础面粘结不牢等缺陷。

检验数量:施工单位、监理单位全部检查。

检验方法:观察检查。

5.3.20 基底铺设前的结构面应整洁、无积水,梁面或结构面凿毛深度不小于5 mm,间距不大于100 mm。

检验数量:施工单位、监理单位全部检查。

检验方法:观察检查、尺量。

5.3.21 梁面防水保护层表面应按设计要求设置排水坡,确保水能顺畅地汇入梁面泄水孔;隔振器基底嵌套于桥面防水层内,高度不得低于梁面防水保护层。

检测数量:施工单位、监理单位全部检查。

检验方法:观察检查。

5.3.22 基底纵向水沟应宽度均匀、底部顺直,沟底无模板台阶,每10 m测量沟底标高计算得到的沟底纵向坡度符合设计要求。

检测数量:施工单位、监理单位全部检查。

检验方法:观察、仪器测量检查。

5.3.23 基底纵向水沟中心线与轨道中心线偏差不应大于20 mm。

检测数量:施工单位、监理单位全部检查。

检验方法:观察、仪器测量检查。

5.3.24 隧道内线路浮置板道床水沟与两端排水过渡段的水沟应顺接良好,水沟和集水坑的设置方式、位置、尺寸均应符合设计要求。测量过渡段水沟起、终点及每5 m一处的沟底标高,计算沟底坡度应符合设计坡度要求。

检测数量:施工单位、监理单位全部检查。

检验方法:观察、尺量、水准仪检查。

5.4 预制钢弹簧浮置板道床

5.4.1 浮置板由工厂预制后,运输至铺轨基地临时存放,浮置板成品应按型号和批次分区储存,并做明显标识,严禁不同型号和批次的产品混装储存。进场检验不合格的浮置板应单独存放,并明显标识。

5.4.2 预制浮置板的储存、装卸及运输各环节均应采取保护措施,避免其受到撞击。预制浮置板的吊装应采用专用设备。

5.4.3 预制浮置板应存放在专用基础上,基础应坚固、平整、无沉陷,并隔段采取防倾覆措施;存放采用平放方式,堆放层数不应超过4层,每层间用方木隔开,底层净空不小于200 mm,其余不小于100 mm,并保证承垫物上下对齐。存放地段位于车站顶板、轨排井周围时,浮置板存放数量不得超出结构荷载限制。

5.4.4 基底验收合格后方可进行预制浮置板道床的铺设。

5.4.5 预制浮置板进场验收合格后方可铺设使用,预制浮置板由基地转运至施工现场时,应设置必要的防护措施,防止浮置板磕碰破损。

Ⅰ 主控项目

5.4.6 预制浮置板铺设前基底应验收合格,基底面应干净整洁、无混凝土碎块或杂物,上游排水过渡段中心集水坑水篦子安装完成,基底混凝土强度符合施工条件。

　　检验数量:施工单位、监理单位全部检查。
　　检验方法:观察检查。

5.4.7 应在铺板前拍摄或录制基底和水沟影像资料,每200 m制作一份,并作为技术资料提交。

　　检验数量:施工单位、监理单位全部检查。
　　检验方法:检查影像资料。

5.4.8 预制浮置板粗铺后应检查板的方向与板上标识一致并符合设计要求。

检验数量:施工单位、监理单位全部检查。

检验方法:观察检查。

5.4.9 预制浮置板铺设位置精确调整应考虑顶升量,精调后位置偏差应符合表 5.4.9 的规定。

表 5.4.9 预制浮置板精调后位置允许偏差

序号	检查项目	允许偏差(mm)	备注
1	中线	±2	不允许连续 3 块以上轨道板出现同向偏差
2	板缝	±5	
3	预制板横向偏差	±5	
4	预制板高度偏差	±1	

检验数量:施工单位、监理单位每 100 m 检查 3 处。

检验方法:测量、观察检查。

Ⅱ 一般项目

5.4.10 预制浮置板的各部分尺寸检查项目容许值和外观质量应符合附录 A 表 A.4.1 的规定。

检验数量:施工单位全部检查,监理单位抽验 50%。

检验方法:观察、尺量。

5.4.11 预制浮置板应采用专用设备、仪器、机具等进行铺设和精调,预制浮置板粗铺精度应满足中线和前后位置偏差均不大于 10 mm。

检验数量:施工单位全部检查,监理单位见证。

检验方法:观察、尺量、仪器测量。

5.4.12 预制板应避开废水泵房处基底横沟。

检验数量:施工单位、监理单位全部检查。

检验方法:观察检查。

5.5 现浇钢弹簧浮置板道床

5.5.1 现浇浮置板道床应在结构基础和基底验收合格后方可进行隔离层的铺设。

5.5.2 浮置板道床混凝土浇筑前应对线路、钢筋、模板、预埋件等进行验收,验收合格后方可进行浇筑。

5.5.3 钢轨支撑架应有足够的强度、刚度和稳定性,间距及安置应便于调整、拆卸和混凝土浇筑。

5.5.4 轨排拼装后应根据轨道精测网采用轨道状态检查仪对轨排的高程、轨距、水平和轨向进行精调。

5.5.5 道床混凝土应振捣密实,加强对隔振器外套筒、轨枕及现浇承轨台周围混凝土的振捣,不应使振捣器触及相关预埋件、支撑架和钢轨,且不应使隔振器外套筒移位。

5.5.6 混凝土初凝前应采取保湿养护措施,初凝后应立即松开扣件等固定装置。

5.5.7 道床混凝土强度未达到设计强度75%之前,严禁在道床上行车或碰撞轨道部件。

Ⅰ 主控项目

5.5.8 现浇浮置板道床施工前现场条件应符合第5.4.6和5.4.7条的规定。

5.5.9 现浇浮置板道床基底水沟盖板材料、型式和尺寸应符合设计要求。

检验数量:施工单位、监理单位全部检查。

检验方法:尺量、查验证明材料。

5.5.10 隔离层材料性能应满足设计要求,厚度不得小于1 mm。

检验数量:施工单位、监理单位全部检查。

检验方法:尺量、查验证明材料。

5.5.11 隔离层铺设时将粗糙面朝上,并铺设平整无褶皱,两侧边缘可靠固定并高于道床面不小于 150 mm,中间搭接部分长度不小于 200 mm,并用胶带密封连接。

检验数量:施工单位、监理单位全部检查。

检验方法:尺量、观察检查。

5.5.12 钢筋、混凝土、隔振器外筒及其他零部件进场时的质量检验应符合本标准第 4 章的规定。

5.5.13 现浇浮置板道床用模板的材料、安装和拆除等的验收应符合现行国家标准《混凝土结构工程施工质量验收规范》GB 50204 的规定。

5.5.14 浮置板道床钢筋的加工、安装、连接应符合设计和现行国家标准《混凝土结构工程施工质量验收规范》GB 50204 的规定。

检验数量:施工单位全部检查,监理单位抽检 50%。

检验方法:尺量。

5.5.15 浮置板钢筋绑扎时应按设计要求将隔振器外套筒和观察筒准确就位,且与钢筋绑扎牢固,隔振器套筒位置公差要求为±3 mm,垂直度公差小于 0.5°。

检验数量:施工单位全部检查,监理单位查验检查记录。

检验方法:仪器测量、尺量。

5.5.16 浮置板道床钢筋绑扎、焊接完成,混凝土浇筑前,应用专用工具对排流网钢筋纵向电阻进行检测,并形成记录。检测结果不符合设计规定时,应对钢筋连接进行整改,直至合格。

检验数量:施工单位全部检查,监理单位旁站见证。

检验方法:专用仪器测量。

5.5.17 浇筑混凝土前,隔振器外套筒底部、观察筒底部应采用硅胶等胶凝材料与隔离层固定密封。

检验数量:施工单位、监理单位全部检查。

检验方法:观察检查。

5.5.18 现浇浮置板长度、板缝宽度应符合设计规定。

检验数量:施工单位、监理单位全部检查。

检验方法:尺量。

5.5.19 道床混凝土用料、强度及其他性能指标应符合设计要求,并应符合现行标准规范的规定。

检验数量:同一配合比,每灌注 100 m 或 100 m³(不足者也按 100 m 或 100 m³ 计)应取 2 组试件,一组在标准条件下养护,另一组与道床同条件下养护。施工单位全部检查,监理单位见证取样检测的数量不应低于施工单位检查数量的 30%。

检验方法:检查产品合格证和试验报告。

5.5.20 钢弹簧浮置板道床与其他道床连接处的过渡段设置方式应符合设计规定。

检验数量:施工单位、监理单位全部检查。

检验方法:对照文件观察检查、尺量。

5.5.21 浇筑混凝土前应检查轨底坡是否符合设计及规范规定,并形成记录。

检验数量:施工单位全部检查,监理单位旁站见证。

检验方法:轨底坡检查仪测量。

5.5.22 浇筑混凝土前应检查隔振器外筒和观察筒,确保与钢筋笼可靠固定,防止混凝土浇筑时发生移位,并形成记录。

检验数量:施工单位全部检查,监理单位旁站见证。

检验方法:观察检查。

5.5.23 隔振器外筒顶面与道床面的高差与设计值的偏差不应大于 5 mm。

检验数量:施工单位、监理单位全部检查。

检验方法:对照文件观察检查、尺量。

Ⅱ 一般项目

5.5.24 钢筋绑扎前应先组装扣件,根据设计图纸的要求正确安放各组成部件,并对扣件扭力矩进行检查,扭力矩应符合设计要求。轨枕或扣件铁垫板应悬挂准确,不得歪斜,严禁出现轨底反坡、吊枕。轨排架设完成后的允许偏差应符合表5.5.24的规定,道岔区轨排架铺设完成后的允许偏差应符合国家标准《地下铁道工程施工质量验收标准》GB/T 50299—2018第14.8.8条的规定。

表5.5.24 轨排架设允许偏差

序号	检查项目	偏差要求
1	扣件间距	±5 mm
2	轨距	−1 mm～2 mm,变化率不得大于1‰
3	水平	以一股钢轨为准,按设计高程偏差在±5 mm之内,两股相对水平差不得大于2 mm,在6.25 m距离内,不得有大于2 mm的三角坑
4	轨向	以一股钢轨为准(曲线以外轨为准),距线路中线偏差在±2 mm之内,最大矢度不得大于2 mm/10 m弦。$R \leqslant 650$ m曲线用20 m弦量,缓和曲线的正矢与计算正矢差、圆曲线正矢连续差、圆曲线正矢最大最小值差分别不大于2 mm、3 mm、4 mm。$R > 650$ m缓和曲线的正矢与计算正矢差、圆曲线正矢连续差、圆曲线正矢最大最小值差分别不大于1 mm、2 mm、3 mm
5	高低	轨面目视平顺,最大矢度不得大于2 mm/10 m弦
6	轨底坡	1/45～1/35

5.5.25 浮置板道床钢筋安装应符合设计要求,检验标准应符合表5.5.25的规定。

检验数量:施工单位、监理单位全部检查。

检验方法:尺量。

表5.5.25 钢筋安装位置检验标准

序号	项目	允许偏差（mm）	检验频率		检验方法
			范围	点数	
1	纵向受力筋排距	±5	尺量,两端、中间各1处		
	同一排纵向受力筋钢筋间距	±10			
	其余钢筋间距	±10	尺量连续3处		

续表5.5.25

序号	项目		允许偏差（mm）	检验频率		检验方法
				范围	点数	
2	钢筋保护层厚度	设计值≥30 mm时	+100	尺量两端中间各2处		
		设计值<30 mm时	+50			

5.5.26 现浇承轨台地段在浇筑混凝土前,应拧紧螺旋道钉并保持垂直,垂直度应符合设计要求。

　　检验数量:施工单位、监理单位全部检查并重点记录。

　　检验方法:尺量。

5.5.27 现浇承轨台地段承轨台高度和轨底坡应符合设计要求,扣件不得歪斜,扣件垫板不得陷入道床面,铁垫板下混凝土填充密实。

　　检验数量:施工单位、监理单位全部检查并重点记录。

　　检验方法:尺量、专用仪器测量、目视。

5.5.28 混凝土结构表面应密实平整、颜色均匀,不得有露筋、蜂窝、孔洞、疏松、麻面和缺棱角等缺陷。

　　检验数量:施工单位、监理单位全部检查。

　　检验方法:观察检查。

5.5.29 浮置板与两侧相邻道床、预制浮置板与现浇浮置板衔接处道床板面高差应符合设计要求;剪力铰预埋件定位偏差应符合设计要求。

　　检验数量:施工单位、监理单位全部检查。

　　检验方法:尺量。

5.5.30 泵房基底横截沟处现浇浮置板应断开,并设置不小于横沟宽度的板缝。

　　检验数量:施工单位、监理单位全部检查。

　　检验方法:观察检查、尺量。

5.5.31 检查孔尺寸、定位偏差应符合设计要求,检查孔盖板顶面与道床面的高差与设计值的偏差不宜大于 5 mm。

    检验数量:施工单位、监理单位全部检查。
    检验方法:测量检查。

5.6 隔振器安装与钢弹簧浮置板道床顶升

5.6.1 现浇浮置板道床在混凝土养护期满并达到设计强度后方可进行道床的顶升作业。

5.6.2 预制浮置板隔振器的安装应在预制板精调到位之后进行。

5.6.3 浮置板道床的顶升应在无轨或钢轨放松状态下进行,利用轨道精测网通过控制浮置板的标高进行。

5.6.4 每块浮置板道床上按设计要求布置测量点,测点应牢固,并编号。利用钢弹簧浮置板道床地段以外的控制基标测量弹簧浮置板道床顶升前的初始高程值,并保存记录。

5.6.5 浮置板道床的顶升应采用专用千斤顶及相应的专用工具,顶升作业应满足设计要求。

5.6.6 浮置板道床顶升前,应做好缝隙的密封工作,防止顶升过程中杂物进入板底间隙。顶升完成后,应及时恢复和安装隔振器绝缘盖板及密封条,严禁杂物进入弹簧浮置板板底的间隙内。

5.6.7 预制钢弹簧浮置板道床安装隔振器前,应根据隔振器底部基底标高计算放入调平垫片的厚度,顶升时一次加入调平垫片。现浇浮置板道床应多轮次逐步顶升,单次顶升高度应不大于 15 mm,分 2 次~3 次加入调平垫片。

Ⅰ 主控项目

5.6.8 在隔振器外筒中心处定位水平限位器位置后使用专用工装进行钻孔,钻孔深度应满足设计要求,水平限位器安装偏差不应大于±2 mm。

检验数量：施工单位、监理单位平行检查20％。

检验方法：观察检查、尺量。

5.6.9 浮置板道床地段轨面标高应主要通过控制板体顶升高度实现，浮置板顶升后的标高应符合设计要求，允许误差±1 mm。

检验数量：施工单位全部检查，监理单位检查检查记录。

检验方法：仪器测量。

5.6.10 隔振器内调平垫片总层数不应超过4层，由轨道施工引起的隔振器调平垫片总厚度与设计总厚度的偏差不应超出−10 mm～＋20 mm的范围。

检验数量：施工单位、监理单位全部检查。

检验方法：观察检查、尺量。

5.6.11 顶升工作基本完成、锁紧装置安装前，隔振器外筒与调平垫片3处受力部位均不应存在吊空，顶升工作基本完成后应进行吊空检查，对存在吊空的隔振器进行调整。

检验数量：施工单位、监理单位全部检查。

检验方法：工具、塞尺、观察检查。

Ⅱ 一般项目

5.6.12 隔振器内筒安装前，应将外套筒内清理干净，现浇浮置板还应将外套筒底部隔离膜清理干净。

检验数量：施工单位、监理单位全部检查。

检验方法：观察检查。

5.6.13 安装隔振器前应将弹簧浮置板道床之间、与其他类型道床之间及道床两侧与土建结构之间采用密封条封闭。

检验数量：施工单位、监理单位全部检查。

检验方法：观察检查。

5.6.14 隔振器安装完成后锁紧装置螺栓应安装齐全到位。

检验数量：施工单位、监理单位全部检查。

检验方法：观察检查。

5.7 附属部件安装

5.7.1 浮置板四周,包括板与板之间及道床板上预留槽产生的较大间隙,应设置有效的防杂物措施。

5.7.2 隔振器安装调整到位、浮置板顶升完成后方可进行剪力铰的安装。

Ⅰ 主控项目

5.7.3 相邻两块浮置板剪力铰平面与高度偏差应符合设计要求,剪力铰按设计要求安装,剪力铰部件无变形,螺栓固定良好。

　　检验数量:施工单位、监理单位全部检查。
　　检验方法:观察检查、尺量。

5.7.4 现浇浮置板与预制浮置板过渡处,剪力铰基座高差及调整垫板厚度均应符合设计要求。

　　检验数量:施工单位、监理单位全部检查。
　　检验方法:观察检查、尺量。

5.7.5 板侧和板端密封条应采用压条固定,靠近钢轨的位置采用绝缘压条,压条和固定螺栓采用的材料和性能指标应符合设计要求。

　　检验数量:施工单位、监理单位全部检查。
　　检验方法:观察检查。

5.7.6 隔振器外筒顶部盖板应固定良好,无翘曲和螺栓缺失,固定螺栓应绝缘。

　　检验数量:施工单位、监理单位全部检查。
　　检验方法:观察检查。

5.7.7 检查孔上方按要求设置盖板,盖板应安装牢固、便于启闭,并方便观察水沟状况。

检验数量：施工单位、监理单位全部检查。
检验方法：观察检查。

5.7.8 现浇浮置板检查孔底部钢板应全部切除。
检验数量：施工单位、监理单位全部检查。
检验方法：观察检查。

5.7.9 道床排水沟沉砂池和水篦子的设置应符合设计要求，无缺失。
检测数量：施工单位、监理单位全部检查。
检验方法：观察检查。

Ⅱ 一般项目

5.7.10 高架线路板侧防尘装置不应影响道床面排水。
检验数量：施工单位、监理单位全部检查。
检验方法：观察检查。

5.7.11 剪力铰螺栓安装扭力矩应符合设计要求。
检验数量：施工单位全部检查，监理单位抽检20%。
检验方法：扭力扳手测扭矩检查。

6 综合质量评定

6.1 资料核查

6.1.1 浮置板分部分项工程质量控制资料应完善齐全,全面反映浮置板道床施工质量状况。

6.1.2 分部工程质量控制资料核查应由监理单位组织施工单位进行,并按附录 E 表 E.0.3 填写记录。

6.2 实体质量和主要功能核查

6.2.1 分部工程完成后,应由建设单位组织设计、监理、施工单位对分部工程实体质量和主要功能进行核查,并按附录 E 表 E.0.4 填写记录。

6.2.2 浮置板分部工程实体质量和主要功能核查数量和方法应符合下列规定:

1 轨道静态铺设精度:每分部工程 200 m;质量要求及检验方法应符合现行国家标准《地下铁道工程施工质量验收标准》GB/T 50299 的规定。

2 扣件缺损:每分部工程 200 m,扣件及零部件应无缺损,弹条螺栓和锚固螺栓可靠固定;观察检查。

3 扣件紧固螺栓扭矩:每分部工程 200 m;质量要求及方法应符合现行国家标准《地下铁道工程施工质量验收标准》GB/T 50299 的规定。

4 浮置板外观质量:预制浮置板检查数量为每个分部工程抽查 20 块浮置板,现浇浮置板检查数量为每个分部工程抽查 5 块浮置板,质量要求及检验方法应符合本标准第 4.3.2、5.4.10、5.5.27 和 5.5.28 条的规定。

5 承轨台或短轨枕质量:预制浮置板检查数量为每个分部工程抽查 20 块浮置板,现浇浮置板检查数量为每个分部工程抽查 5 块浮置板,承轨台或短轨枕应无伤损;观察检查。

6 浮置板道床水沟:每个分部工程抽查 2 处以上区间泵房处浮置板轨道和 1 处以上车站浮置板轨道;质量要求及检验方法应符合本标准第 5.3 节的规定。

7 隔振器吊空:每个分部工程抽查 2 处以上半径 500 m 及以下曲线 100 m(含缓和曲线),要求无吊空;观察、塞尺检查。

8 剪力铰的安装:每个分部工程抽查 2 处以上半径 500 m 及以下曲线 100 m(含缓和曲线),质量要求及检验方法应符合本标准第 5.7 节的规定。

6.3 观感质量

6.3.1 线路开通前应由建设单位组织有关单位开展线路检查和清理工作。观感质量评定应由建设单位组织设计、监理、施工单位共同进行现场评定,并按附录 E 表 E.0.5 填写记录。

6.3.2 观感质量若达不到合格标准,应进行返修。

6.3.3 浮置板道床观感质量合格标准:模板、垃圾清理干净,表面平整、清洁,无污染、无碰损。

6.3.4 钢轨观感质量合格标准:远视平顺,轨向直线顺直、曲线圆顺,头尾不得有反弯或"鹅头",钢轨无伤损。

6.3.5 扣件观感质量合格标准:扣件齐全、清洁、无杂物。

6.3.6 承轨台观感质量合格标准:承轨台(轨枕)方正,表面平整、清洁,无污染、无缺棱掉角等缺陷。

6.3.7 隔振器观感质量合格标准:隔振器位置整齐,安装平整,整洁无脏污,隔振器盖板规格统一、可靠固定。

6.3.8 剪力铰观感质量合格标准：剪力铰零部件齐全、清洁、无杂物，安装顺直。

6.3.9 观察筒观感质量合格标准：观察筒埋设齐整、方正，盖板规格统一、可靠固定。

6.3.10 密封条观感质量合格标准：密封条安装整齐、规则、可靠固定，表面整洁无脏污。

6.3.11 水沟观感质量合格标准：水沟顺直整洁，沟底无淤泥及杂物。

6.4 安全及减振性能检测

6.4.1 钢弹簧浮置板轨道施工验收完成后，在轨道交通项目开通运营前应进行性能测量评价，测评报告应包含下列内容：
　　1　工程概况。
　　2　浮置板轨道设计标准。
　　3　测量的时间、地点、使用仪器的铭牌及仪器校准或检定证明、测量条件或现场情况说明。
　　4　振动测量数据分析，包括浮置板轨道固有频率、阻尼比、减振或降噪效果等。
　　5　浮置板安全性测试，包括钢轨位移、浮置板位移等。
　　6　评估结论。

6.4.2 为分析评估钢弹簧浮置板全寿命周期性能，可根据工程情况选取典型地段安装安全及减振性能在线监测系统，并对数据进行长期跟踪分析。

6.4.3 对于首次设计使用的浮置板轨道，除满足减振效果要求外还应进行安全、平稳性和舒适性（车内振动及噪声）评估，满足要求后方可铺设。

附录 A 预制浮置板制造及检验技术要求

A.1 一般规定

A.1.1 预制钢弹簧浮置板应按经规定程序批准的设计图纸和本标准制作。

A.1.2 预制浮置板应工厂化生产;工厂应具有必要的工装、检验设备和成熟的生产工艺。预制钢弹簧浮置板检验合格后方可出厂。

A.2 材 料

A.2.1 水泥应采用强度等级不低于 42.5 级的硅酸盐水泥或普通硅酸盐水泥。水泥碱含量不应大于 0.60%,SO_3 含量不应大于 3.0%,氯离子含量不应大于 0.06%。

A.2.2 粗骨料应采用质地坚硬、表面清洁的连续级配碎石,最大粒径不大于 20 mm,随机 1 000 g 试样中泥块含量不应大于 0.2%,硫化物及硫酸盐含量折算成 SO_3(按重量计)不大于 0.80%,氯化物含量不大于 0.02%。单轴抗压强度不小于 110 MPa。使用前应进行碱活性试验。

细骨料应采用质地坚硬、表面清洁的天然中、粗砂,含泥量按重量计不应大于 1.5%,硫化物及硫酸盐含量折算成 SO_3(按重量计)不大于 0.80%,氯化物含量不大于 0.01%。使用前应进行碱活性试验。

不应使用具有碱-碳酸盐反应活性或砂浆棒膨胀率(快速法)大于 0.20%的碱-硅酸盐反应活性的骨料;当骨料的砂浆棒膨

胀率为0.10%~0.20%时,混凝土碱含量不应超过3 kg/m³,且应采取抑制碱-骨料反应技术措施。

A.2.3 拌和水应符合国家标准《混凝土结构通用规范》GB 55008和现行行业标准《混凝土用水标准》JGJ 63的规定。

A.2.4 应采用减水效率大于25%的高效减水剂,严禁使用氯盐类早强外加剂。

A.2.5 矿物掺合料采用复合掺合料时,其性能应满足表A.2.5的规定;采用粉煤灰、磨细矿渣粉时,其性能应符合现行国家标准《用于水泥和混凝土的粉煤灰》GB/T 1596或《用于水泥、砂浆和混凝土中的粒化高炉矿渣粉》GB/T 18046的规定。

表A.2.5 矿物掺合料性能要求

序号	项目		性能要求
1	氯离子含量		≤0.06%
2	烧失量		≤1.0%
3	SO_3含量		≤3.0%
4	含水率		≤1.0%
5	流动度比		≥100%
6	游离氧化钙含量		≤1.0%
7	细度(45 μm筛余,质量百分数)		≤12%
8	活性指数	1 d	≥125%
		28 d	≥110%

A.2.6 热轧带肋钢筋的性能应符合现行国家标准《钢筋混凝土用钢》GB 1499的规定。

A.2.7 各种预埋件品质必须满足设计技术要求和行业质量标准的其他要求。

A.2.8 除特殊要求外,钢材、水泥、矿物掺合料、骨料、水和外加剂的质量还应符合现行行业标准《铁路混凝土结构耐久性设计规范》TB 10005的规定。

A.3 制 造

A.3.1 模具应满足下列要求：

1 模具应采用具有足够强度、刚度和稳定性的钢模。模型加工尺寸偏差应符合表 A.3.1 的要求。

表 A.3.1 浮置板模具尺寸允许偏差

序号	项目		模具精度
1	整套模板	长度(mm)	±1.5
2		宽度(mm)	±1.5
3		厚度(mm)	±1.5
4	底板	平面度(mm)	±0.3(纵) ±0.15(横)
5	扣件预埋套管	保持轨距的两套管中心距(mm)	±0.3
6		同一承轨台两相邻套管中心距(mm)	±0.3
7	承轨台	相邻承轨台面高差(mm)	±0.2
8		横向两承轨台中线距离误差(mm)	0.3
9		承轨面坡度(轨底坡)	1:42～1:38
10	扣件间距	板端螺栓孔与板端距离(mm)	±1.0
11		纵向相邻套管中心距离(mm)	±1.0
12	隔振器外套筒	板端隔振器外套筒与板端距离(mm)	±1.0
13		纵向相邻隔振器外套筒中心距离(mm)	±1.0
13	剪力铰预埋件	板端预埋件中心与板端距离(mm)	±0.3
15		预埋件中心纵横向间距(mm)	±0.3

2 模型安装后应进行 10 min 空载振动试验，其尺寸偏差应满足表 A.3.1 的要求。

3 模板投入使用后应进行日常检查和定期检测。日常检查内容包括模型清理是否干净、定位螺栓磨损情况、边侧模漏浆情况;定期检测每月进行 1 次,检查模型质量是否符合表 A.3.1 的要求。

A.3.2 预埋件应符合下列要求:

1 同一块浮置板的预埋套管应使用同一厂家的产品。

2 各类预埋件安装尺寸累积误差不得大于 2 mm。

3 扣件预埋套管直径允许误差为 $\Phi^{+0.5}_{-0.3}$,抗拔力应不小于 100 kN。

4 隔振器外筒尺寸、材质应符合设计要求,外筒底部应设置方向标识。

A.3.3 钢筋笼的制作应满足下列要求:

1 钢筋下料、弯制、焊接质量应符合现行国家标准《混凝土结构通用规范》GB 55008 和《混凝土结构工程施工质量验收规范》GB 50204 的规定。

2 钢筋绑扎应制作专门模架。

3 浮置板内结构钢筋兼作杂散电流收集网钢筋,每块浮置板预埋 2 对杂散电流端子(金属螺纹套管)和 1 根紫铜排;结构钢筋焊接要求、连接端子及测量端子的引出要求应满足杂散电流防护专业的要求。

4 钢筋笼在驳运过程中均应采用专用吊具,确保骨架不变形。

5 钢筋保护层垫块应采用强度等级不小于 C50 的混凝土垫块,每平方米的数量为 4 个,垫块颜色和板体混凝土颜色基本一致。

6 钢筋笼入模后应检查钢筋及预埋件的位置,其允许偏差应符合表 A.3.3 的要求。

表 A.3.3 钢筋位置的允许偏差

序号	项目	允许偏差(mm)
1	钢筋间距	±5

续表 A.3.3

序号	项目	允许偏差(mm)
2	钢筋保护层	0,+5.0
3	隔振器外套筒位置	±5
4	排流端子的位置	±5

A.3.4 混凝土应符合下列规定：

1 混凝土各项性能指标应通过试配检验，其中矿物掺合料含量不得小于总胶凝材料的 20%。

2 混凝土配制材料计量误差：水泥、粉煤灰、矿粉、外加剂误差不大于 1%；粗骨料、细骨料误差不大于 2%。

3 混凝土拌和物入模温度应控制在 5℃～30℃；当昼夜平均气温低于 5℃或最低气温低于 -3℃时，应采取保温措施，并按冬季施工处理。

4 混凝土坍落度应不大于 80 mm，浇筑完成后石子外露 2 mm～4 mm。不得有堆积浮浆、起皮现象。

5 浮置板脱模强度应大于 25 MPa。浮置板混凝土试件应按现行国家标准《混凝土结构工程施工质量验收规范》GB 50204 的要求留置同条件和标养条件的试块，并且每 200 m³ 留置 1 组同条件试件、1 组标养试件，用于 28 d 强度、56 d 混凝土弹性模量和电通量试验。

A.3.5 当环境气温低于 15℃时，可通过混凝土蒸养措施提高产量。蒸汽养护可分为静置、升温、恒温、降温四个阶段。静置时间不得少于 3 h，升温时间不得少于 2 h，升温速度不应大于 10℃/h；恒温时蒸汽温度不宜超过 42℃，板内芯部混凝土温度不应超过 55℃，降温时间不得少于 2 h，降温速度应不大于 10℃/h。

A.3.6 浮置板表面温度与环境温差小于 5℃方可进行养生。水中养生时间不少于 7 d，养护水温不得低于 5℃。

A.3.7 浮置板混凝土在浇筑成型后的前 28 d，应采取喷淋保湿养护措施。浮置板应水平放置,堆码高度不得超过4层。

A.4 质 量

A.4.1 预制浮置板外形尺寸应满足设计要求,偏差应符合表 A.4.1-1 的规定;板的外观质量应符合表 A.4.1-2 的规定。

表 A.4.1-1 浮置板尺寸要求

序号	项目		允许误差	每批检验数量（出厂检验）	检验项别
1	外形尺寸	长度(mm)	±3	3块	B
2		宽度(mm)	±3	3块	B
3		厚度(mm)	±3	3块	B
4	板面	平面度(mm)	±0.3(纵) ±0.2(横)	3块	B
5	预埋套管	保持轨距的两套管中心距离(mm)	±0.5	全检	B
6		凸起高度(mm)	−1.0～0	全检	B
7		套管歪斜偏差(mm)	±1	全检	B
8	承轨台	承轨台面平整度(mm)	±0.2	全检	A
9		横向两承轨台中线距离误差(mm)	0.5	全检	B
10		承轨面坡度(轨底坡)	1:42～1:38	全检	B
11	扣件间距	板端螺栓孔与板端距离(mm)	±2.0	3块	B
12		纵向相邻套管中心距离(mm)	±1.0	3块	B
13	外套筒	外套筒中心位置偏差(mm)	±2.0	3块	B

续表 A.4.1-1

序号	项目		允许误差	每批检验数量（出厂检验）	检验项别
14	外套筒	纵横向两外套筒中线距离误差(mm)	±2.0	3块	B
15		外筒垂直度公差(°)	0.5	3块	B
16	剪力铰预埋件	最外侧埋件与板端距离(mm)	±1.0	全检	B
17		相邻两埋件中心距离(mm)	±1.0	全检	B
18		埋件歪斜偏差(°)	0.5	全检	B
19	其他预埋件位置		±5.0	3块	B

表 A.4.1-2 浮置板外观质量要求

序号	检查项目	技术要求		
		合格品	返修品	废品
1	肉眼可见裂纹	无裂纹	裂纹宽度≤0.3 mm，未出现贯穿裂纹	可见裂纹宽度≥0.3 mm，有贯穿裂纹
2	承轨台部位表面缺陷	无缺陷	气孔直径≤1 mm	掉角尺寸延伸至扣件下方
3	边缘破损或混凝土掉角	无破损	深度>5 mm 面积>50 cm^2	断裂、磕损、露筋严重等不能满足使用要求
4	起吊套管位置破损	无破损	长度>15 cm	
5	隔振器外套筒	与混凝土可靠连接	宽度>0.5 mm 长度>10cm	裂纹宽度≥1 mm，有深度>2 cm 的裂缝
6	龟纹	无龟纹	宽度≤0.25 mm	宽度≥0.25 mm
7	外观表面	表面颜色一致，无油污	表面颜色不一致，有油污	—

A.4.2 混凝土用胶凝材料不应大于 450 kg/m³；水胶比不应大于 0.35；SO_3 含量不应大于胶凝材料总量的 4%。

A.4.3 混凝土中氯离子总含量不应大于 0.30 kg/m³；总碱含量不应超过 3.5kg/m³。当骨料具有潜在碱活性时，总碱含量不应超过 3.0 kg/m³。

A.4.4 混凝土中含气量不应大于 4%；电通量应小于 1 000 C。

A.4.5 混凝土抗冻等级不应小于 F300。

A.5 检验方法

A.5.1 浮置板承轨台的几何尺寸应采用全站仪和相应的配套软件测量，其他尺寸可采用经过校验的测量工具量测。

A.5.2 水泥、矿物掺合料的碱含量应按现行国家标准《水泥化学分析方法》GB/T 176 的规定进行检验。外加剂的碱含量应按现行国家标准《混凝土外加剂匀质性试验方法》GB/T 8077 的规定进行检验。

A.5.3 水泥、矿物掺合料的氯离子含量应按现行行业标准《水泥原料中氯离子的化学分析方法》JC/T 420 的规定进行检验。外加剂中的氯离子含量应按现行国家标准《混凝土外加剂匀质性试验方法》GB/T 8077 的规定进行检验，拌和水中的氯离子含量应按现行行业标准《混凝土用水标准》JGJ 63 的规定进行检验，砂、石的氯离子含量应按现行行业标准《普通混凝土用砂、石质量标准及检验方法》JGJ 52 的规定进行检验。

A.5.4 矿物掺合料的烧失量、SO_3 含量、游离氧化钙含量、MgO 含量应按现行国家标准《水泥化学分析方法》GB/T 176 的规定进行检验，含水率应按现行国家标准《用于水泥、砂浆和混凝土中的粒化高炉矿渣粉》GB/T 18046 的规定进行检验，需水量比和活性指数应按现行国家标准《高强高性能混凝土用矿物外加剂》GB/T 18736 的规定进行检验。

A.5.5 骨料的碱活性试验应按现行行业标准《铁路混凝土用骨料碱活性试验方法》TB/T 2922 的规定进行。

A.5.6 混凝土拌合物性能试验应按现行国家标准《普通混凝土拌合物性能试验方法》GB/T 50080 的规定进行。

A.5.7 混凝土抗压强度和弹性模量试验应按现行国家标准《混凝土物理力学性能试验方法标准》GB/T 50081 的规定进行。

A.5.8 混凝土抗冻性试验应按现行国家标准《普通混凝土长期性能和耐久性能试验方法标准》GB/T 50082 中快冻法的规定进行。

A.5.9 混凝土电通量试验应按现行国家标准《普通混凝土长期性能和耐久性能试验方法标准》GB/T 50082 的规定进行。

A.5.10 扣件预埋套管抗拔力试验应按现行行业标准《高速铁路扣件系统试验方法 第 7 部分:预埋件抗拔力试验》TB/T 3396.7 的规定进行。

A.6 检验规则

A.6.1 制造厂检验部门应对原材料、混凝土性能和浮置板质量负责检验,未经检验的浮置板不得出厂。

A.6.2 正常生产的浮置板按 500 块为一个检验批开展检测,批量不足 500 块按 500 块计。

A.6.3 水泥、矿物掺合料、骨料、外加剂、水、普通钢筋、预埋套管、隔振器外筒进场应进行指标复检,检验批数量按照相关标准执行。

A.6.4 混凝土拌合物性能、力学性能、抗冻性、电通量等指标的检验应符合第 A.4 节和第 A.5 节的规定。

A.6.5 有下列情况之一者,应进行型式检验:
   1 批量投产前。
   2 原材料、配合比、生产工艺有改变时。

    3 正式生产后,每2年进行1次。
    4 用户提出要求时。
A.6.6 型式检验项目应包括原材料及预埋件检验、浮置板几何尺寸和外观质量、混凝土碱含量、混凝土氯离子含量、混凝土抗压强度、混凝土弹性模量、混凝土电通量、预埋套管抗拔力、静载抗裂性能试验及浮置板保护层厚度检验。
A.6.7 浮置板几何尺寸和外观质量的抽检数量应为每批3块。
A.6.8 预埋套管抗拔力应从几何尺寸和外观质量抽检的浮置板中抽取1块进行试验,抽取不少于3个套管进行试验。
A.6.9 出厂检验应符合下列规定:
    1 出厂检验项目应包括浮置板外形尺寸和外观质量,并提供检验批混凝土抗压强度和混凝土弹性模量检测数据。
    2 浮置板外形尺寸的检测应符合表A.4.1-1的规定。
    3 浮置板外观质量应逐块检查并符合表A.4.1-2的规定。
A.6.10 浮置板质量判别规则应符合表A.6.10的规定。

表A.6.10 浮置板质量判别规则

序号	项目	判别规则
1	外形尺寸	符合表A.4.1-1的规定,其中A类项别单项点数的超偏率不大于5%,B类项别单项点数的超偏率不大于10%
2	外观质量	符合表A.4.1-2的规定
3	混凝土性能指标	符合第A.4节的规定
4	浮置板静载抗裂试验结果判定	(1)浮置板纵、横向截面均无开裂,判定浮置板静载抗裂合格。 (2)若有2个截面开裂,判定浮置板静载抗裂不合格。 (3)若有1个截面开裂,允许重新抽样进行试验;若无开裂,判定浮置板静载抗裂合格;若仍有截面开裂,判定浮置板静载抗裂不合格
5	型式检验	所有检验项均满足要求,型式检验判为合格

续表 A.6.10

序号	项目	判别规则
6	出厂检验	出厂检验所有检验项均满足要求,该批浮置板判为合格;仅由外观尺寸判为不合格批的浮置板,允许工厂对该批浮置板逐块检验筛选

A.7 标识和制造技术证明书

A.7.1 浮置板应在设计规定的位置作出以下标记:浮置板型号、制造厂名及制造年份、浮置板中心线。

A.7.2 每块浮置板均应填写制造合格证书一式两份。一份连同施工原始记录由制造厂归档,另一份交用户作为竣工资料。制造合格证书可采用附录 F 中表 F.0.1 的形式。

A.7.3 每组浮置板应有以下档案资料:
 1 各种原材料、预埋件及配件质量证明文件和检验报告。
 2 工序过程的检验记录。
 3 浮置板出厂检验记录。

A.8 存 放

A.8.1 浮置板成品应按型号分别存放,不合格的浮置板应单独存放。

A.8.2 平放时,每垛不超过 4 层,浮置板与存放基础之间以及每层浮置板间安放 6~8 个垫块,垫块要上下对齐,支点位置应符合要求;垫块的规格尺寸应符合设计规定,垫块高度允许偏差 ±2 mm,承载面应平行。

A.8.3 浮置板存放和运输时,应在预埋套管、起吊套管和排流端子等处安装相应的防护装置。

A.9 运输和装卸

A.9.1 浮置板运输时采用平放方式,堆码高度不得超出 3 层。
A.9.2 浮置板装卸应使用吊装孔或隔振器外套筒进行,确保专用吊耳或吊具安装牢固后才能起吊。
A.9.3 浮置板在存放、装卸及运输时不应损伤。

附录 B 钢弹簧隔振器及附属部件制作及检验技术要求

B.1 一般规定

B.1.1 本附录规定了浮置板道床的钢弹簧隔振器及附属部件技术要求、检验规则以及采购、验收、运输和存储等要求。

B.1.2 隔振器应工厂化生产；工厂应具有必要的工装、检验设备和成熟的生产工艺。钢弹簧隔振器检验合格后方可出厂。

B.2 组件性能

B.2.1 隔振器组件的承载能力应根据车辆运行荷载、浮置板道床及附属部件荷载并适当考虑现场安装误差导致的荷载不均等要素综合确定。

B.2.2 隔振器刚度应根据钢弹簧浮置板系统减振目标值和隔振器布置方案合理确定，并应符合浮置板和钢轨垂向位移的规定，板端变形差引起的钢轨竖向转角不宜大于2‰。隔振器刚度值允许偏差应小于设计刚度的±8%。

B.2.3 浮置板轨道阻尼比应介于5%～10%，应确保浮置板轨道构成的质量（道床）-弹簧-阻尼系统不发生过阻尼现象。

B.2.4 隔振器组件经300万次疲劳试验后应符合下列要求：

    1 隔振器内筒、外筒、调平垫片、螺栓等整体无变形、断裂，外筒支承板与筒体的连接处无裂纹等，金属件防腐层无脱落。

    2 隔振器内筒各组成部分无松动、脱离，钢弹簧无断裂，隔振器内筒垂向永久变形不大于2 mm。

3 疲劳试验前后,隔振器竖向静刚度变化小于5%,隔振器阻尼比仍在5%~10%范围内。

4 隔振器阻尼介质无外溢,密封圈无发白、开裂、压溃现象且与筒体无脱离。

B.2.5 隔振器金属部件均应进行防腐处理,满足设计工况及使用寿命要求。隔振器组件经300 h中性盐雾试验后,利用隔振器日常拆卸工具可顺利拆卸和安装。

B.3 零部件性能

B.3.1 隔振器内外套筒、调平垫片、锁紧装置以及剪力铰等零部件应满足使用要求并具有足够的强度和耐久性,正常使用过程中不应出现非正常变形、裂损等现象。

B.3.2 钢弹簧隔振器及浮置板其他附属部件的金属零部件外观均应表面平滑平整,色度均匀,无裂纹、凹凸等缺陷。金属焊接部位焊缝应均匀,无焊漏、裂纹、焊瘤等缺陷。

B.3.3 隔振器各组成部件尺寸应符合设计图纸的规定,加工偏差及精度要求应符合表B.3.3-1~表B.3.3-3的规定。

表 B.3.3-1 隔振器工件长度尺寸精度要求(单位:mm)

序号	长度公称尺寸范围	偏差范围
1	3~6	±0.5
2	6~30	±1
3	30~120	±1.5
4	120~400	±2
5	400~1 000	±4

表 B.3.3-2　隔振器工件角度尺寸偏差

项目	角度短边尺寸(mm)的偏差			
误差等级	10～50	50～120	120～400	400 以上
偏差范围	±2°	±1°	±30′	±20′

注：以上一般公差适用于：长度尺寸；角度尺寸；由于加工配合而形成的长度和角度尺寸。一般公差不适用于：已注明公差的长度和角度尺寸；焊接结构的长度和角度尺寸；辅助、理论的尺寸；由于装配而产生的长度及角度尺寸。

表 B.3.3-3　隔振器的内、外套筒直径及圆度偏差(单位:mm)

序号	公称直径	直径偏差	圆度偏差
1	200～250	±2	±2
2	250～300	±2.5	±2.5
3	300～350	±3	±3
4	350～400	±3.5	±3.5
5	400～450	±4	±4

B.3.4 隔振器用钢弹簧应满足下列要求：

1 隔振器所使用的钢弹簧应符合现行国家标准《热卷圆柱螺旋弹簧技术条件》GB/T 23934 的相关规定。弹簧性能不应低于现行国家标准《弹簧钢》GB 1222 对 51CrMnV 的要求。

2 隔振器用钢弹簧或主簧材料线径不应小于 42 mm。

3 热轧后卷簧前采用磨皮工艺,应作喷丸、磷化处理和裂纹检查。

4 弹簧表面应光滑,不应有肉眼可见的缺陷。

5 弹簧表面应作防腐处理,防腐层厚度应≥80 μm。

B.3.5 隔振器阻尼材料应满足下列要求：

1 阻尼材料特性在 －40℃～＋80℃ 之间不应发生不可逆变化,其阻尼抗老化寿命不应低于 50 年。

2 阻尼材料应阻燃、无有害气味、不溶于水。

3 液体阻尼应为均匀的黏稠体,比重大于 1.0,不吸潮、无沉淀、无分层现象,无霉变和有害气味析出。

4 固体阻尼在混合前应无吸潮、无结团,在混合后应无膨胀、无沉淀。

B.3.6 隔振器内套筒密封材料、密封性能和整体性要求应符合下列要求:

1 隔振器内套筒固定密封圈的抱箍应采用厚度不小于1 mm的不锈钢或强度和耐久性更好的材料。

2 密封圈的选材、尺寸及安装方式应能适应过车时钢弹簧的往复运动,符合第B.2.4条隔振器组件疲劳试验后阻尼介质无外溢及对密封圈的各项要求。

3 内套筒整体性能好,在顶盖和筒体间施加不小于2.0 kN的拉拔力时,各组成零部件均无脱离。

4 内套筒密封性能好,经渗水试验后套筒内不应进水。

B.3.7 隔振器内外套筒筒体、支承板、内筒顶板、调平垫片等隔振器主要受力部件性能应符合下列要求:

1 高架线路隔振器外筒材料力学性能不低于Q355D,地下线路隔振器外筒材料力学性能不低于Q355C,其他部件采用的材料力学性能不低于外筒。

2 隔振器外筒应设置与道床混凝土加强联结措施,外筒顶部和底部应设置内外方向标识。

3 隔振器支承板、外筒顶板及底板与外筒筒体采用焊接方式连接时,焊缝强度应满足结构强度、疲劳性能和耐久性要求。焊脚尺寸不小于7 mm,焊接过程中采用工艺试验确定合理的焊接顺序,避免筒体变形。

4 对于厚度小于或等于2 mm的调平垫片,应采用不锈钢材质。不锈钢材质垫板加工尺寸偏差不应大于0.05 mm,其余不应大于0.1 mm。

5 除不锈钢调平垫片外,防腐标准均不低于热浸镀锌,镀锌层平均厚度不小于80 μm,不得有漏镀、起皮和脱落现象。经300 h中性盐雾试验(《人造气氛腐蚀试验 盐雾试验》GB/T

10125)后,按照现行国家标准《金属基体上金属和其他无机覆盖层经腐蚀试验后的试样和试件的评级》GB/T 6461 的规定进行试件的保护评级,评级不低于 9 级。

B.3.8 浮置板附属部件应符合下列要求:

1 剪力铰抗剪棒钢材屈服强度不宜低于 700 MPa,剪力铰设置位置应符合设计图纸的规定,且应与浮置板有可靠的传力连接。

2 浮置板缝隙密封所采用的橡胶密封条应为阻燃、耐油橡胶,密封条横截面宽度不应小于 250 mm,厚度不应小于 2.5 mm。

3 内置式隔振器顶面应设绝缘盖板,绝缘上盖设计击穿电压应大于 1 500 V。

4 观察筒尺寸不应小于 300 mm×300 mm,观察筒盖板应可靠固定、方便启闭。

B.4 检验规则

B.4.1 隔振器组装性能检验和零部件型式检验通过后方可批量生产,出厂验收全部合格后方可出厂。

B.4.2 隔振器组装性能检验应按表 B.4.2 进行,试验结果均满足要求时判定为合格。

表 B.4.2 隔振器组装性能检验规则

序号	检验项目	检验频度	检验数量
1	静刚度	批量投产前;制造厂、原材料、生产工艺有改变时;正式生产后,每年进行 1 次;用户提出要求时	3 件
2	阻尼比		3 件
3	组装疲劳性能		2 件
4	恶劣环境的影响	批量投产前原材料、生产工艺有改变时;正式生产后,每年进行 1 次;用户提出要求时	2 件

B.4.3 零部件检验应符合下列要求:

1 制造厂检验部门应对零部件质量负责检验,未经检验的产品不得出厂。

2 零部件检验分为出厂检验和型式检验。

3 每种零部件出厂检验应逐批检验，每一检验批不应大于500件，抽样方法按现行国家标准《计数抽样检验程序》GB/T 2828执行，以不合格数表示检验批的质量，检验内容按表B.4.3进行。

表B.4.3 零部件检验规则

序号	检验项目		抽样方案	检验水平	接受质量限(AQL)	出厂检验	型式检验
1	型式尺寸	隔振器外筒	一次抽样	Ⅱ	2.5	√	√
2		隔振器内筒（含钢弹簧）			2.5	√	√
3		调平垫片			2.5	√	√
4		锁紧系统			2.5	√	√
5		限位器			2.5	√	√
6		剪力铰			2.5	√	√
7		观察筒			2.5	√	√
8		密封条			2.5	√	√
9	外观	隔振器外筒		Ⅱ	2.5	√	√
10		隔振器内筒（含钢弹簧、阻尼介质）			2.5	√	√
11		调平垫片			2.5	√	√
12		锁紧系统			2.5	√	√
13		观察筒			2.5	√	√
14		密封条			2.5	√	√
15	标志标识	隔振器外筒	一次抽样	Ⅱ	2.5	√	√
16		隔振器内筒			2.5	√	√
17		锁紧装置			2.5	√	√

续表B.4.3

序号	检验项目		抽样方案	检验水平	接受质量限(AQL)	出厂检验	型式检验
18	材料性能	阻尼介质	二次抽样		随机抽取3件进行试验,均满足要求为合格;2件不满足要求为不合格;1件不满足要求,再随机抽取3件,如再出现不满足要求的情况,则为不合格	√	√
19		密封条燃烧等级	二次抽样		随机抽取3件进行试验,均满足要求为合格;2件不满足要求为不合格;1件不满足要求,再随机抽取3件,如再出现不满足要求的情况,则为不合格	√	√
20		隔振器内套筒密封性能	二次抽样		各随机抽取3件进行试验,均满足要求为合格;2件不满足要求为不合格;1件不满足要求,再随机抽取3件,如再出现不满足要求的情况,则为不合格	√	√
21		剪力铰预埋件抗拔	一次抽样		各随机抽取2件进行试验,均满足要求为合格	—	√
22		防腐蚀性能	二次抽样		各随机抽取3件进行试验,均满足要求为合格;2件不满足要求为不合格;1件不满足要求,再随机抽取3件,如再出现不满足要求的情况,则为不合格	—	√

B.4.4 零部件有下列情况之一者,应进行型式检验:

1 批量投产前。

 2 原材料、生产工艺有改变时。
 3 正式生产后,每年进行 1 次。
 4 用户提出要求时。

B.5 检验方法

B.5.1 隔振器及其他零部件的型式尺寸采用专用量具和通用量具检查。

B.5.2 隔振器及其他零部件的外观以及标志标识采用观察检查。

B.5.3 金属部件的防腐蚀性能按现行国家标准《人造气氛腐蚀试验 盐雾试验》GB/T 10125 规定的盐雾试验(NSS 试验)方法进行。

B.5.4 弹簧隔振器静刚度试验方法如下:

 1 试样为隔振器内套筒。

 2 测试环境温度为 20℃±5℃,测试前隔振器在上述环境条件下静置不少于 24 h。

 3 加载设备采用万能材料试验机或电液伺服试验机。试验机精度不低于 500 N,示值允许偏差不大于 1%,加载能力不小于 100 kN。

 4 检验装置如图 B.5.4 所示。浮置板分配到每个隔振器的重量(kN)为 A 荷载,浮置板分配重量与列车定员荷载下分配重量之和(kN)为 B 荷载;A 荷载取 10 kN,B 荷载取 60 kN。

 底板和加载板均为上下表面刨平的钢板,厚度不小于 20 mm,加载板长度和宽度比试样的基本尺寸应至少大 10 mm。试样应竖直放置在底板上,加载板放置在外套筒顶板上,在加载板的四个角安装 4 个位移传感器。

 5 检验步骤应符合以下规定:

  1) 隔振器组件重复进行 3 次预加载、卸载,预加荷载速度

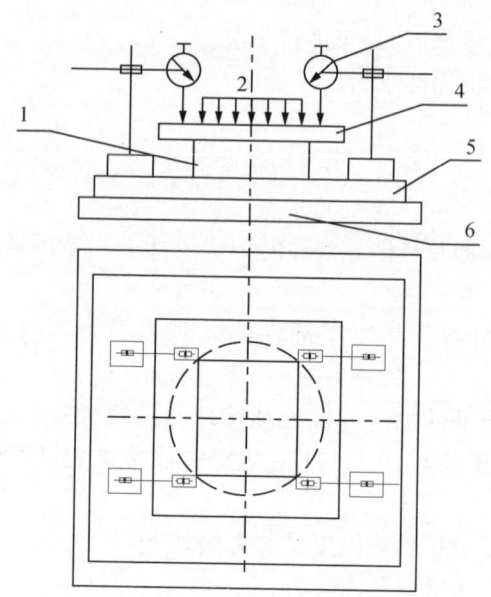

1—试样；2—荷载；3—位移传感器；
4—加载板；5—底板；6—试验机底座或基板

图 B.5.4 检验装置图

为 2 kN/s～3 kN/s，预加荷载至 70 kN，并保持 30 s，每次卸载后停留 5 min 以上再继续加载。

2）检验开始，将位移传感器置零，然后以 2 kN/s～3 kN/s 的速度匀速加载，加载至 70 kN，同时记录 5 kN、10 kN、20 kN、……、70 kN 点加载时加载板的位移（4 个位移传感器的平均值）。根据测得的静荷载及对应加载板的位移，绘制静荷载-静变形关系曲线。

3）静刚度值 SS 按式(B.5.4)计算：

$$SS=(B-A)/(\Delta_B-\Delta_A) \quad (B.5.4)$$

式中：Δ_A——试样在加载 A 荷载时的平均位移(mm)；

Δ_B——试样在加载 B 荷载时的平均位移(mm)。

4) 应确保荷载垂直地加到隔振器上,当任何一个位移传感器测定的 B 荷载和 A 荷载下的位移差与 4 个传感器的平均位移差大于 20%时,应重复进行试验。

B.5.5 阻尼比试验方法如下:
1 试样为隔振器内套筒。
2 采用自由振动衰减法进行测试。
3 检验步骤应符合以下规定:
  1) 将单个隔振器放置在一块重 1.5 t 混凝土质量块的底面中心(图 B.5.5),形成单自由度质量-弹簧-阻尼体系。
  2) 在质量块顶面围绕中心点一定距离布置 4 个位移或速度、加速度传感器,测试时采用测力锤对质量块顶面中心进行锤击冲击,测量在冲击荷载作用下混凝土质量块的衰减振动位移。

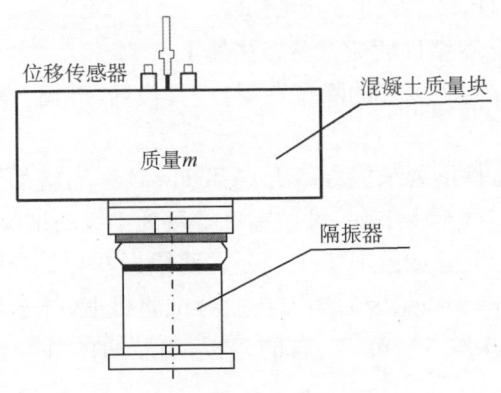

图 B.5.5 阻尼比测试图

  3) 取 10 次有效锤击数据。将每次锤击的 4 个位移传感器的数据按式(B.5.5)分别计算单自由度质量-弹簧-阻尼系统的阻尼比,取平均值后作为 1 次测量结果,最后将 10 次阻尼比数据取平均值后作为单自由度系统的测试阻尼比。

$$\begin{cases} \zeta = \dfrac{1}{2}\sqrt{\dfrac{4\lambda^2}{4\pi^2+\lambda^2}} \\ \lambda = \dfrac{1}{n}\ln\dfrac{X_i}{X_{i+n}} \end{cases} \quad (B.5.5)$$

式中:ζ——阻尼比;

λ——振动波形对数衰减率;

n——自由衰减振动波形个数;

X_i——第 i 个波峰幅值;

X_{i+n}——第 $(i+n)$ 个波峰幅值。

为排除干扰信号对测试数据的影响,以固有频率为中心频率,上下扩大 20% 作为带通滤波的上下限频率,对测试信号进行带通虑波处理,然后读取波形幅值。

B.5.6 隔振器组件疲劳试验方法如下:

1 试样为组装好的隔振器组件,含内筒、外筒、调平垫片、锁紧装置等。

2 设备性能要求能在 3 Hz~5 Hz 频率下施加至少 80 kN 荷载、静态加载至少 100 kN 的精度等级为Ⅰ级的试验机。

3 检验装置如图 B.5.6 所示。将隔振器与外套筒及设计标准状态的调高垫板组装后固定在疲劳试验机上,外套筒顶部与加载头之间垫入厚 30 mm 左右的钢板,组装后的外套筒底部应悬空 30 mm。

4 检验步骤应符合以下规定:

  1) 检验环境温度为 20℃±5℃;室内静置 24 h。

  2) 正式开始疲劳试验前,先预加载 1 000 次循环后暂停下来,观察隔振器及外套筒组装状态是否正常,确认正常

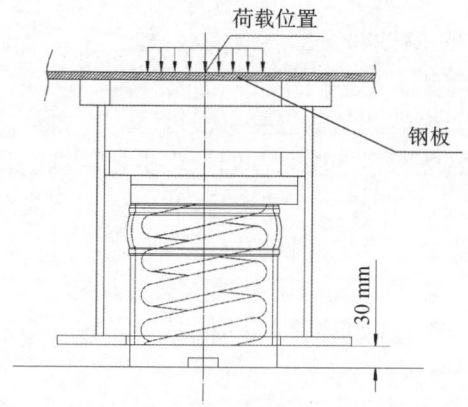

图 B.5.6 隔振器与外套筒组装示意图

后,再正式开始疲劳试验。

3) 以 3 Hz~5 Hz 的频率加载,荷载为 10 kN ~60 kN,循环 300 万次。

4) 疲劳检验结束后,隔振器、钢弹簧、外套筒及其主要传力部件均应无明显变形、目视裂纹及断裂,阻尼液无渗漏。

5) 300 万次疲劳结束后,隔振器静置 24 h,再进行静刚度及阻尼比试验,并与疲劳前的静刚度及阻尼比进行对比。

B.5.7 隔振器拉拔试验方法如下:将隔振器内套筒底部可靠固定,对内筒顶盖施加 2.0 kN 的垂向力,持续时间不少于 1 min。

B.5.8 隔振器渗水试验方法如下:将隔振器内套筒完整浸入有色水内,水头高度高于隔振器顶盖不小于 200 mm,持续 72 h 后,打开隔振器内套筒,内筒里不应出现有色水。

B.6 包装、存储和运输

B.6.1 产品的包装、标志应符合下列要求:

1 弹簧隔振器产品采用托盘分组包装牢固,包装应保证满足运输期间的防腐蚀和安全运输要求,每个托盘产品均应附有出厂合格证。

2 弹簧隔振器产品的包装应密封、防尘、防雨。

3 在弹簧隔振器运输和存储过程中,不应过度倾斜或倒置,包装物表面应做有明显的"↑"记号,并应标记产品名称、型号、数量、重量、厂名、批号及生产日期等信息。

4 隔振器零部件应有明显的永久性厂标、产品标记和永久性制造年份标记。在组装状态下,隔振器还应有明显的永久性型号标志。

B.6.2 弹簧隔振器产品在运输过程中应避免碰撞,应防水、防潮,不得抛掷。

B.6.3 产品的储存应符合下列要求:

1 弹簧隔振器产品应在不承载的状态下储存,储存处应通风、干燥并避免阳光直射。

2 弹簧隔振器产品储存地点应远离发热源、各种油类,附近不应有腐蚀性化学物品。

3 在正确的保管条件下,弹簧隔振器的储存期为 1 年,超过储存期应重新检测产品质量。

4 弹簧隔振器宜在干燥阴凉防雨处保存,不宜长期露天保存。露天堆放时,应加盖防雨布等覆盖物,同时下边应用垫块垫起,防止雨雪浸入。

附录 C 钢弹簧浮置板轨道减振降噪效果和结构动力性能测量方法

C.1 基本规定

C.1.1 浮置板的减振和降噪效果应通过与相同工况下的普通轨道进行对比测量获得。

C.1.2 采用不同施工工艺、不同型号隔振器的浮置板轨道,原则上均应选取典型位置进行测量评估。

C.1.3 采用相同施工工艺、同一型号隔振器的浮置板轨道,应根据其所在线路形式选择必要的测量位置,且至少包含直线和半径 $R{\leqslant}500$ m 的曲线工况。

C.1.4 检测前应根据预估被测参数的最大幅值,选择合适的传感器和动态信号测试仪器量程范围,并提高输出信号的信噪比。

C.1.5 测量仪器应在校准有效期内。振动测量应采用符合现行国家标准《人体对振动的响应 测量仪器》GB/T 23716 性能要求的振动计或其他满足相同功能要求的振动测量仪器。噪声测量系统应达到Ⅰ型积分声级计要求。

C.1.6 传感器应尽量刚性地固定在相关位置上,且传感器-底座系统的固有频率不低于所关注的测点位置最高频率的 1.5 倍。

C.1.7 位移传感器分辨率不宜高于满量程的 0.05%,线性误差不高于满量程的 3%,位移测量端(含位移支架、固定底座等)的固有频率不宜低于所关注频率的 1.5 倍。

C.1.8 振动源强评价应按现行行业标准《环境影响评价技术导则 城市轨道交通》HJ 453 要求,采用指标为 1 Hz~80 Hz 频率范围的 VL_{Zmax};其他情况下的振动评价宜按照现行行业标准《浮置板轨道技术规范》CJJ/T 191 分析 1 Hz～200 Hz 范围内浮置板轨道与普通道床比较时分频振级均方根差值；高架线路噪声源强和桥下噪声分析评价指标为列车通过等效连续 A 声级 L_{eq}。

C.1.9 测量时应记录以下工况：车辆参数（车型、编组、轴重、速度）及其状态，轨道参数（钢轨、扣件、道床、曲线要素、线路坡度）及其状态，土建结构参数（结构类型、地质条件、测试环境条件等）。

C.2 振动测量及减振效果评估

C.2.1 隧道内线路浮置板直线区段振动测量宜按图 C.2.1 进行振动测点布置并应符合下列要求：

1 钢轨垂向振动测点优先选择布置在钢轨底部，在现场条件不容许时可用楔形底座布置在轨脚并垂直于轨底面；钢轨横向振动测点优先选择布置在轨腰位置。

2 曲线半径小于 800 m 的区段宜增加左、右钢轨和隧道壁的横向振动测点。

3 测量浮置板减振效果时，测试位置宜选取在浮置板及钢轨接头中部；测量对周边环境影响时，宜选取该区段内最不利位置（如钢轨接头和浮置板接头处）。

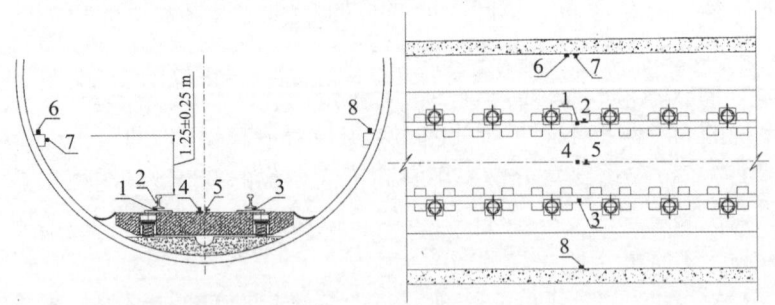

1—左轨垂向；2—左轨横向；3—右轨垂向；4—道床垂向；5—道床横向；
6—左侧隧道壁垂向；7—左侧隧道壁横向；8—右侧隧道壁垂向

图 C.2.1 隧道内振动测点布置示意图

C.2.2 高架线振动测量宜按照图 C.2.2 进行布置,并应符合下列要求:

1 桥面振动测点设置在距离线路中心线 $L=1.5\ \text{m}\pm0.25\ \text{m}$ 处;道床振动测点设置在距离钢轨中心线 $d=0.3\ \text{m}\pm0.05\ \text{m}$ 处道床面上。

2 曲线半径小于 800 m 的区段宜增加左、右钢轨和桥面的横向振动测点。

3 测量高架线路浮置板减振效果时,浮置板及对比普通轨道测点宜选择梁端临近位置;测量高架线浮置板降噪效果时,浮置板及对比普通轨道测点宜选择梁跨中部位。

4 地面线路测点参照高架双箱梁测点进行布置,源强点设置在距离线路中心 7.5 m 处的坚实地面上。

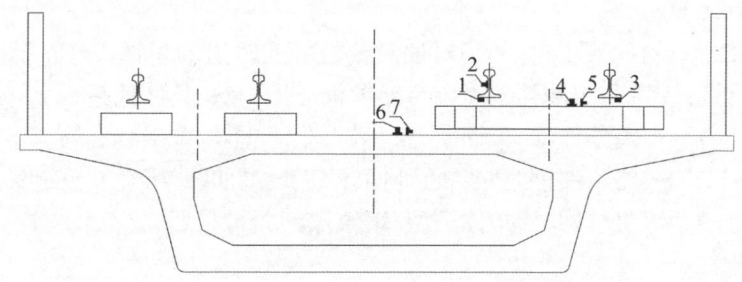

1—左轨垂向;2—左轨横向;3—右轨垂向;4—道床垂向;
5—道床横向;6—桥面垂向;7—桥面横向

图 C.2.2 高架线路振动测点布置示意图

C.2.3 振动源强测量的位置应按照现行行业标准《环境影响评价技术导则 城市轨道交通》HJ 453 及《浮置板轨道技术规范》CJJ/T 191 对振动源强测点选取的相关要求执行。

C.2.4 在试运行期间进行振动测量时,测量车次不应少于 20 列,在试运营或正式运营期间进行振动测量时应测量高峰时段列车不少于 20 列,取算术平均值作为评价量。

C.2.5 测量轨道交通引起的地面振动时,测点应设置在距离线路中心线 5 m~7.5 m 处的平坦、坚实地面上,并与最近建筑物的水平距离在 3 m 以上,连续测量不少于 10 列轨道交通列车铅垂向 Z 振级最大值 VL_{Zmax}。

C.2.6 室内振动和二次结构噪声测量方法执行现行行业标准《城市轨道交通引起建筑物振动与二次辐射噪声限值及其测量方法标准》JGJ/T 170 和现行上海市地方标准《城市轨道交通(地下段)列车运行引起住宅建筑室内振动与结构噪声限值及测量方法》DB31/T 470。

C.2.7 有效测量数据采样的持续时间应涵盖列车通过全过程。测量轨道、桥梁和隧道等轨旁振动测量时,采样频率不低于 2 048 Hz,测量轨道交通引起的地面振动时,采样频率不低于 1 024 Hz。

C.2.8 对比测试时,作为对比对象的普通轨道的车辆条件、线路条件及钢轨和扣件类型等应与浮置板道床一致,具体包括:
　　1　车辆条件,如车辆类型、车长、车速、车轮维护状态等。
　　2　线路条件,如高架线、地面线、直线或曲线(半径)应接近。
　　3　轨道结构,如扣件类型、钢轨及其养护状态。

C.3　噪声测量及降噪效果评估

C.3.1 浮置板道床噪声源强测量应按照现行行业标准《环境影响评价技术导则　城市轨道交通》HJ 453 的规定执行。

C.3.2 浮置板轨道用于降低桥梁结构噪声时的降噪效果评价应以桥下噪声为主要评价量。

C.3.3 桥下噪声测量点应位于桥下距离近侧轨道中心线 1.5 m~3 m 处,高于地面 1.2 m;传声器方向应指向线路中心方向。

C.3.4 测量列车车头和车尾通过测量点时段内的等效声级时,测量车次不应少于 5 列,车速的波动范围应小于±5%,取等效声级算术平均值作为结果。

C.3.5 测量时背景噪声应比列车通过声级低 10 dBA 以上。

C.3.6 针对浮置板上覆吸音措施、轮轨状态改善措施的降噪效果测量，噪声测点宜设置在线路中心线外侧 1.5 m 且高于轨面 0.5 m±0.25 m 的地面、桥面或隧道壁上，传声器指向线路方向；必要时可在线路中心(车辆限界之外)设置噪声测点。

C.3.7 噪声测量应在无雨雪、无雷电、风速不高于 5 m/s 的环境下进行。

C.4 浮置板轨道动位移测量

C.4.1 测量优先采用非接触式位移传感器，位移传感器高频截止频率不低于 1 000 Hz，测量精度不低于 0.01 mm。

C.4.2 浮置板位移测量，参照点可置于隧道壁、桥面或邻近地面上。对半径小于 600 m 的曲线断面进行测量时，应同步测量浮置板两侧的位移，取最大值作为评价量。

C.4.3 钢轨位移测试位置要求如下：

　　1 每处测试位置应在两根钢轨上分别设置测点，每根钢轨宜设置 1 处垂向测点和 2 处横向测点。

　　2 位移测试水平向与测试断面处两侧轨顶面连线方向平行，垂向与其垂直。

C.4.4 浮置板位移测量位置如下：

　　1 浮置板短板测试位置处，测试断面宜设置在板中部位置。

　　2 浮置板长板测试位置处，测试断面宜设置在板中部和端部位置。

　　3 测量浮置板协调变形时，测试断面宜在浮置板缝两侧分别设置。

　　4 浮置板位移测点设置时，在线路中心线两侧分别设置垂向测点，并在其中一侧设置横向测点。

C.5 浮置板轨道动力性能测量

C.5.1 浮置板固有频率与阻尼比等动力参数通过测试动力输入处和响应处的速度时程信号获得。

C.5.2 浮置板阻尼比测量可采用半功率宽带法,激振点位于道床中心位置,同一块板重复测量5次以上,每次记录时间不少于3 s。

C.5.3 在需要测量特定位置处的轮轨力或进行运行安全性评价时,浮置板轨道的典型测量位置宜在距敷设边界处大于50 m内选取,如条件不满足应选取该浮置板区段的敷设中点;过渡段测量位置可选择在相对不利的一端。轮轨力测量方法按照现行行业标准《轮轨横向力和垂向力地面测试方法》TB/T 2489执行。

C.6 浮置板轨道稳定性、平稳性测试

列车在相关浮置板区段运行的稳定性、平稳性等可在正常维护的电客车上进行测试,测量与评价方法应按照现行国家标准《机车车辆动力学性能评定及试验鉴定规范》GB/T 5599执行。

C.7 车内噪声测量

钢弹簧浮置板地段车内噪声测量应按照现行国家标准《城市轨道交通列车噪声限值和测量方法》GB 14892执行,传声器宜布置在端车及动车车厢,在传声器所在列车进入浮置板过渡段时开始测量。

附录 D 隐蔽工程和重要工序影像资料留存要求

D.1 基本要求

D.1.1 影像资料应能全面反映钢弹簧浮置板轨道施工过程中隐蔽工程和重要工序质量验收与过程控制情况,记录验收工程的质量状况。

D.1.2 影像资料应有相应文字说明,具体包括编号、题名、内容简要描述、拍摄时间、地点和拍摄者等内容。

D.1.3 影像资料可为视频或照片,资料应真实、清晰、完整,数码照片原始分辨率不应低于1 000万像素。

D.1.4 影像资料拍摄完毕后应由专人统一进行管理,并做好影像资料的备份工作。

D.1.5 影像资料应包括下列关键工序:
1 基底钢筋。
2 基底面及基底中心水沟。
3 浮置板道床钢筋、钢筋焊接网安装。
4 浮置板道床排流网钢筋和连接端子焊接。

D.2 工作流程

D.2.1 监理单位、施工单位应单独留存照片,并分别存档。所拍的照片中应明示检验区段里程、结构尺寸、检验时间、检验人员。

D.2.2 隐蔽工程多次报验时,每次均应留存照片。

D.2.3 监理单位、施工单位应及时归档整理影像资料,不得补报、补记。

D.2.4 工序影像资料留存照片资料示例见表 D.2.4。

表 D.2.4 留存照片资料示例

单位工程	
××××轨道工程	
施工单位	
××××	
拍摄地点	
××××	
验收时间	
××××年××月××日	
班组长	
×××	
施工技术人员	
×××	
现场监理	
×××	
照片说明	SK××+××××~SK××+×××(××工序)

附录 E 质量验收记录表

表 E.0.1 _____检验批质量验收记录

单位(子单位)工程名称			
分部(子分部)工程名称			
分项工程名称		验收部位	
施工单位		项目经理	
施工质量验收执行标准名称及编号			

		施工质量验收标准的规定	施工单位检查记录	监理单位验收
主控项目	1			
	2			
	3			
一般项目	1			
	2			
	3			
	4			
	5			

施工单位检查结果	专业工长(施工员)		施工班组长	
	专职质量检查员		年 月 日	
	分项工程技术负责人		年 月 日	
	分项工程负责人		年 月 日	
监理单位验收结论	专业监理工程师		年 月 日	

表 E.0.2 _____ 分项工程质量验收记录

单位(子单位)工程名称				
分部(子分部)工程名称			检验批数	
施工单位			项目经理	
序号	检验批部位、区段	施工单位检查结果	监理(建设)单位验收结论	
1				
2				
3				
4				
5				
6				
7				

检查结论	项目专业技术负责人： 　年　月　日	验收结论	监理工程师： (建设单位项目专业技术负责人)： 　年　月　日

表 E.0.3 _____ 分部(子分部)工程质量验收记录

单位(子单位)工程名称				
施工单位				
项目经理		项目技术负责人		项目质量负责人
序号	分项工程名称	检验批数	施工单位检查验收	验收意见
1				
2				
3				
4				
5				
6				
质量控制资料				
安全和功能检验(检测)报告				
观感质量验收				
施工单位		项目经理:		年　月　日
监理(建设)单位		总监理工程师: (建设单位项目负责人)		年　月　日

表 E.0.4 浮置板实体质量和主要功能核查记录

单位(子单位)工程名称				
分部工程名称				
施工单位				
序号	项目名称	份数	核查意见	核查人
1	轨道静态铺设精度			
2	扣件缺损			
3	扣件紧固螺栓扭矩			
4	浮置板外观质量			
5	承轨台或短轨枕质量			
6	浮置板水沟			
7	隔振器吊空			
8	剪力铰的安装			

结论：

施工单位项目负责人　总监理工程师　设计单位项目负责人　建设单位项目负责人

　　　年 月 日　　　年 月 日　　　年 月 日　　　年 月 日

表 E.0.5 浮置板观感质量检查记录

单位(子单位)工程名称				
分部工程名称				
施工单位				
序号	项目名称	质量状况	质量评定	
			合格	差
1	浮置板道床观感质量合格标准			
2	钢轨观感质量合格标准			
3	扣件观感质量合格标准			
4	承轨台(轨枕)观感质量合格标准			
5	隔振器观感质量合格标准			
6	剪力铰观感质量合格标准			
7	观察筒观感质量合格标准			
8	密封条观感质量合格标准			
9	水沟观感质量合格标准			

结论：

施工单位项目负责人　总监理工程师　设计单位项目负责人　建设单位项目负责人

　　年　月　日　　　年　月　日　　　年　月　日　　　年　月　日

附录 F 预制浮置板质量检查表

表 F.0.1 城市轨道交通预制钢弹簧浮置板制造合格证书

工程名称			
轨道型号		工程地点	
模具编号		浮置板型号	
制造日期		浮置板重量(t)	

预制钢弹簧浮置板各项质量指标按照现行上海市工程建设规范《城市轨道交通钢弹簧浮置板轨道施工质量验收标准》DG/TJ 08—2416 附录 A 检验,产品合格。

签发人:

生产单位:

_____年___月___日

表 F.0.2 主要原材料

1	钢材	普通钢筋	材料编号		生产厂家	
			检验报告编号		数量	
2	水泥		品 种		数量	
			产 地		检验报告编号	
3	碎石		品 种		数量	
			产 地		检验报告编号	
4	砂		品 种		数量	
			产 地		检验报告编号	
5	减水剂		品 种		数量	
			产 地		检验报告编号	
			制造厂家			
6	掺合料		品 种		数量	
			产 地		检验报告编号	
			品 种		数量	
			产 地		检验报告编号	
7	预埋套管		品 种		数量	
			产 地		检验报告编号	
8	起吊套管		品 种		数量	
			产 地		检验报告编号	
9	连接端子		品 种		数量	
			产 地		检验报告编号	
10	螺旋钢筋		品 种		数量	
			产 地		检验报告编号	
11	预埋螺母		品 种		数量	
			产 地		检验报告编号	

表 F.0.3 生产工序质量

工程名称：				生产班组：	
浇筑日期		年　月　日		模型编号	
设计强度（MPa）				浮置板号	
浮置板混凝土	配合比	（水泥）　：（砂）　：（石）　：（水）　：（减水剂）　：（矿物掺合料）			
		水胶比		矿物掺合料掺量（%）	
		减水剂掺量（%）		胶凝性材料用量（kg/m³）	
	28 d 强度试件编号			蒸养试件编号	
	检验批弹性模量试件编号			总碱含量报告编号	
	混凝土含气量（%）			坍落度（mm）	
	混凝土入模温度（℃）			浇筑时模板温度（℃）	
养护	时间（h）			排流钢筋和连接端子	位置
	温度（℃）				焊缝长度（mm）
脱模	脱模时混凝土强度（MPa）			芯部最高温度（℃）	
	脱模环境温度（℃）			表面与环境温差（℃）	

质检员：　　　　　　　　　　　　　　　　　　监理工程师：

生产单位：　　　　　　　　　　　　　　　　　日期：

表 F.0.4 浮置板外形尺寸及外观检查卡片

工程名称：			浮置板编号：		
生产单位：			生产日期：		
序号	项目		外形尺寸检查记录			

序号	项目		外形尺寸检查记录			
1	长度		A1：		A2：	
2	宽度		B1：		B2：	
3	厚度		C1：	C2：	C3：	C4：
4	预埋套管下沉		(1)	(2)	(3)	(4)
			(5)	(6)	(7)	(8)
			(9)	(10)	(10)	(12)
			(13)	(14)	(15)	(16)
			(17)	(18)	(19)	(20)
5	预埋件数量					
6	承轨面平整度	全部承轨面误差值	(1)	(2)	(3)	(4)
			(5)	(6)	(7)	(8)
			(9)	(10)		
		相邻两承轨面误差值	(1)	(2)	(3)	(4)
			(5)	(6)	(7)	(8)
			(9)	(10)		
		承轨面坡度	(1)	(2)	(3)	(4)
			(5)	(6)	(7)	(8)
			(9)	(10)		
7	外套筒	中心位置偏差	(1)	(2)	(3)	(4)
			(5)	(6)	(7)	(8)
		纵横向两外套筒中线距离误差	(1)	(2)	(3)	(4)
			(5)	(6)	(7)	(8)
8	剪力铰预埋件	最外侧埋件与板端距离	(1)	(2)	(3)	(4)
			(5)	(6)	(7)	(8)

— 77 —

续表F.0.4

序号	项目		外形尺寸检查记录			
8	剪力铰预埋件	相邻两埋件中心距离	(1)	(2)	(3)	(4)
			(5)	(6)	(7)	(8)
		埋件歪斜偏差	(1)	(2)	(3)	(4)
9	其他预埋件位置		(5)	(6)	(7)	(8)
外观质量						
10	项目	合格品	返修品	不合格品	检查结果	
11	肉眼可见裂纹	无裂纹	宽度≤0.3 mm，未出现贯通裂纹	裂纹宽度≥1 mm，有贯通裂缝		
12	承轨台部位表面缺陷	无缺陷	气孔直径≤1 mm	掉角尺寸延伸至扣件下方		
13	边缘破损或混凝土掉角	无破损	深度>5 mm 面积>50 cm²	断裂、磕损、露筋严重等不能满足使用要求		
14	起吊套管位置破损	无破损	长度>15 cm			
15	龟纹	无龟纹	宽度≤0.25 mm	宽度≥0.25 mm		
16	外观表面	表面颜色一致，无油污	表面颜色不一致，有油污	—		

质检员： 监理工程师： 日期：

本标准用词说明

1 为了便于在执行本标准条文时区别对待,对要求严格程度不同的用词说明如下:
  1）表示很严格,非这样做不可的用词:
     正面词采用"必须";
     反面词采用"严禁"。
  2）表示严格,在正常情况下均应这样做的用词:
     正面词采用"应";
     反面词采用"不应"或"不得"。
  3）表示允许稍有选择,在条件许可时首先应这样做的用词:
     正面词采用"宜";
     反面词采用"不宜"。
  4）表示有选择,在一定条件下可以这样做的用词,采用"可"。

2 标准中指定应按其他有关标准执行时,写法为"应符合……的规定(要求)"或"应按……执行"。

引用标准名录

1 《弹簧钢》GB 1222
2 《钢筋混凝土用钢》GB 1499
3 《低合金高强度结构钢》GB/T 1591
4 《用于水泥和混凝土的粉煤灰》GB/T 1596
5 《机车车辆动力学性能评定及试验鉴定规范》GB/T 5599
6 《城市轨道交通列车噪声限值和测量方法》GB 14892
7 《用于水泥、砂浆和混凝土中的粒化高炉矿渣粉》GB/T 18046
8 《热卷圆柱螺旋弹簧技术条件》GB/T 23934
9 《普通混凝土长期性能和耐久性能试验方法标准》GB/T 50082
10 《混凝土结构工程施工质量验收规范》GB 50204
11 《地下铁道工程施工质量验收标准》GB/T 50299
12 《建筑工程施工质量验收统一标准》GB 50300
13 《混凝土结构通用规范》GB 55008
14 《浮置板轨道技术规范》CJJ/T 191
15 《混凝土用水标准》JGJ 63
16 《环境影响评价技术导则 城市轨道交通》HJ 453—2018
17 《轮轨横向力和垂向力地面测试方法》TB/T 2489
18 《高速铁路扣件系统试验方法 第7部分:预埋件抗拔力试验》TB/T 3396.7
19 《铁路轨道工程施工质量验收标准》TB 10413
20 《铁路混凝土工程施工质量验收标准》TB 20424
21 《轨道交通轨道精测网技术标准》DG/TJ 08—2333

上海市工程建设规范

城市轨道交通钢弹簧浮置板轨道施工质量验收标准

DG/TJ 08—2416—2023
J 16935—2023

条文说明

2023　上海

目　次

1 总　则 ……………………………………………………… 85
3 基本规定 ………………………………………………… 86
　3.1 一般规定 …………………………………………… 86
　3.2 质量验收单元的划分 ……………………………… 86
4 原材料和部件进场 ……………………………………… 87
　4.1 一般规定 …………………………………………… 87
　4.4 隔振器及主要部件 ………………………………… 87
5 钢弹簧浮置板轨道施工 ………………………………… 88
　5.1 一般规定 …………………………………………… 88
　5.4 预制钢弹簧浮置板道床 …………………………… 88
　5.5 现浇钢弹簧浮置板道床 …………………………… 88
　5.6 隔振器安装与钢弹簧浮置板道床顶升 …………… 89
6 综合质量评定 …………………………………………… 90
　6.2 实体质量和主要功能核查 ………………………… 90
　6.3 观感质量 …………………………………………… 90

Contents

1 General provisions ········· 85
3 Basic requirements ········· 86
   3.1 General stipulations ········· 86
   3.2 Division of construction quality acceptance units ········· 86
4 Site inspection of raw materials and components ········· 87
   4.1 General stipulations ········· 87
   4.4 Isolator and main components ········· 87
5 Construction of steel spring floating slab track ········· 88
   5.1 General stipulations ········· 88
   5.4 Construction of prefabricated steel spring slab track ········· 88
   5.5 Construction of cast-in-place steel spring slab track ········· 88
   5.6 Installation of vibration isolator and jacking up of floating slab track ········· 89
6 Comprehensive quality assessment ········· 90
   6.2 Checking up on track entity quality and main function ········· 90
   6.3 Appearance quality ········· 90

1 总 则

1.0.1 钢弹簧浮置板轨道是一种特殊的减振型轨道。随着居民生活水平的提高，人们对环境质量要求越来越高，钢弹簧浮置板轨道的应用越来越广泛。施工完成后的浮置板轨道除满足轨道的强度、耐久性要求外还需要有良好的减振性能，为满足上述要求，编制本标准，加强对浮置板零部件、原材料进场和各施工工序验收的管理，从而确保其性能。

1.0.2 本标准中浮置板轨道除特殊说明外均指钢弹簧浮置板轨道。本标准供过程中施工单位、监理单位质量控制及最终工程验收使用。

3 基本规定

3.1 一般规定

3.1.1 钢弹簧浮置板轨道性能包含轨道通用性能要求和减振要求两部分，施工质量控制应以确保上述两方面要求为目标。在施工和验收过程中，关键部件的性能验收与道床施工应严格把控。

3.1.2 提出浮置板道床减振性能的最低要求，供性能测试时参考，具体工程浮置板轨道应达到的减振效果以设计要求为准。

3.1.4 钢弹簧浮置板轨道是整体道床轨道工程的一种特殊型式，属于轨道工程的分项工程。本标准主要规定钢弹簧浮置板轨道系统部件进场验收和施工质量验收要求，其中钢轨、扣件、轨道几何形位、无缝线路等方面的验收应符合现行国家标准《地下铁道工程施工质量验收标准》GB/T 50299 及其他相关验收规定的要求。

3.1.5，3.1.6 参照现行国家标准《建筑工程施工质量验收统一标准》GB 50300 对钢弹簧浮置板轨道的施工质量控制和施工质量验收作出规定。

3.2 质量验收单元的划分

3.2.4 浮置板轨道施工可分为现浇和预制两种，由于两种工艺在施工流程和工序上相差较大，故分部工程的划分按照施工工艺不同划分为两种。

4 原材料和部件进场

4.1 一般规定

4.1.1 浮置板轨道基底和道床板的主要原材料为钢筋和混凝土;减振系统主要部件包括隔振器内筒、隔振器外筒、调平垫片、限位装置等;其他附件包括剪力铰、密封条及其预埋件等。

4.1.2 预制浮置板的钢筋混凝土板体在工厂内进行预制生产,其中钢弹簧隔振器的外套筒直接浇筑于板体内;扣件套管、剪力铰套管、杂散电流端子、密封条套管等应严格按照规定浇筑于板体内,扣件范围按设计要求设置承轨台。

现浇浮置板钢弹簧隔振器外筒与道床钢筋绑扎牢固,钢轨、扣件、轨枕等组成的轨排架精确调整后,现场浇筑道床混凝土。

4.1.5 由于板体较重,为防止基础不平导致的板体变形,要求基底坚固、可靠、平整。

4.1.7 为防止阻尼液泄漏,要求隔振器内筒竖直放置。

4.4 隔振器及主要部件

4.4.1 隔振器作为钢弹簧浮置板的关键部件,直接影响浮置板系统安全性、耐久性和减振性能,其质量必须严格把控。

4.4.6 钢弹簧的材料线径直接影响强度和疲劳性能,关乎钢弹簧浮置板轨道结构的安全,应重点检查。

5 钢弹簧浮置板轨道施工

5.1 一般规定

5.1.2 钢弹簧浮置板轨道按轨下结构分为高架、隧道,按线路特性分为一般线路和岔区钢弹簧浮置板轨道,按施工工艺分为现浇钢弹簧浮置板和预制钢弹簧浮置板。由于浮置板分类及型式多样,不同工况下的钢弹簧浮置板轨道结构和施工工艺各有不同。

5.1.5 同一块钢弹簧浮置板道床板范围内出现结构接基础差异沉降时,隔振器内套筒与外套筒之间会产生吊空间隙,当间隙超过隔振器工作范围后,隔振器会发生吊空失效现象,影响行车平稳性及道床结构受力状态等。

5.4 预制钢弹簧浮置板道床

5.4.8 预制道床板由基地运至现场时先按规定方向和位置进行粗铺,之后采用专用调整和测量工具进行精调。

5.4.9 由于预制浮置板精调到位后即可进行隔振器的安装和顶升,预制板的纵向、横向及高度均应确保精度,并按表 5.4.9 中内容进行验收。

5.5 现浇钢弹簧浮置板道床

5.5.6 为加强轨枕与道床混凝土的联结,防止后期轨枕离缝,应及时解开扣件,释放钢轨通过扣件对轨枕的上拔力。

5.6 隔振器安装与钢弹簧浮置板道床顶升

5.6.7 现浇浮置板长度较长,单次顶升量较大会引起板体局部受力过大,对道床结构不利。

5.6.11 一般情况下,浮置板顶升调平完成后,隔振器内套筒和调平垫片共同支承在外筒内部支承板上,用以承受浮置板轨道自重和车辆荷载。对于新铺设及调整到位的浮置板轨道,验收检查时,内套筒和调平垫片3处支承点有2处及以上存在0.5 mm以上离缝时,视为隔振器吊空。由于隔振器状态会随受力及基础变形发生变化,运营后隔振器吊空及整治标准参照相关维护标准执行。

6 综合质量评定

6.2 实体质量和主要功能核查

6.2.2 考虑整体性,钢弹簧浮置板道床实体质量和主要功能验收纳入了轨道静态铺设精度、扣件及零部件等内容。

6.3 观感质量

6.3.1 为检查钢弹簧浮置板轨道地段的整体观感质量,观感质量评定纳入了钢轨、扣件、轨枕等钢弹簧浮置板轨道的组成部分。